Genshi BOOKS 言視BOOKS

アニメに学ぶ心理学 2

『となりのトトロ』を読む

愛甲修子
aikou shuko

言視舎

はじめに

『となりのトトロ』は、１９８８（昭和63）年に公開された宮崎駿監督のアニメ作品です。

この作品を今でもこころの引き出しに大切にしまっておられる方はたくさんおられるのではないでしょうか。

こころがしぼんで元気がない時に、引き出しを開けてみると、何ともいえないホンワカとあたたかな気持ちになるのはなぜでしょうか。

この物語には、私たちのこころの根っことつながる不思議なエネルギーが流れているのかもしれません。

その源流がどこにあるのか、『となりのトトロ』が私たちに伝えようとしているものが何なのか、心理学の学びを通して明らかにしてみたいと思います。

子どもにとって世界で一番大切な人、それは誰でしょうか。

それは**おかあさん**にちがいありません。

子どもは命を授かってから十月十日《とつきとうか》をおかあさんの子宮内で過ごします。受精卵は、何億年もの間続いてきた命のバトンを受け継いで、胎芽から胎児へと成長し、世界でたったひとりのかけがえのない命としてこの世に誕生してきます。

子どもにとっておかあさんが世界で一番大切である理由がより明らかになるのは、生まれてから後のことです。

赤ちゃんは、おかあさんからお乳をもらって育っていきます。そしておかあさんのふわふわ感に抱かれ、おむつを替えてもらったり、抱っこしてもらったりして、肌のぬくもりを通して母と子の絆を形成していくことになります。

おかあさんの匂いや優しい声が赤ちゃんを包み、**赤ちゃんのなかにおかあさんのイメージが内在化**されていきます。

『となりのトトロ』の主人公は、サツキとメイです。

二人のおかあさんは、肺の病気で療養所に入院しています。おかあさんが退院した後のことを考えて、療養所近くの空気のいい田舎家におとうさんと三人で引っ越してきました。

サツキとメイのお父さんは大学の考古学教室で非常勤講師をしています。翻訳のアルバイトもしているようですが、薄給ゆえにお手伝いさんをやとったりする余裕はありません。

そのため、おかあさんが退院するまでの間、子どもたちとお父さんとで家事全般をおこなうことになりました。

母親不在の家庭の子どもたちには、おかあさん代わりが必要です。

『となりのトトロ』には、**おかあさん的な雰囲気**が流れています。その雰囲気を言葉にしていくことで、子どもの成長に欠かせないものが何であるか、明確になっていくはずです。

本書は『となりのトトロ』を読み進めながら心理学の基礎が学べるように書かれています。

子どもの発達理論を提唱した**ピアジェ**や**ヴィゴツキー**、愛着理論を提唱した**ボウルビィ**、子どもの分離-個体化について研究した**マーラー**、人間の欲求が自己実現を目標に発達していくことを発見した**マズロー**、精神分析の創始者**フロイト**や分析心理学の**ユング**、アイデンティティの研究者**エリクソン**などの研究に触れています。

筆者はトトロが大好きで、子どもの頃から繰り返しアニメを見て育ってきました。

いつの日か心理学の観点からまとめてみたいと思っていましたが、『アニメに学ぶ心理学『千と千尋の神隠し』を読む』が刊行されてから5年もの月日が経ってしまいました。

コロナ禍の時代に突入したことが、今回本書を出す強い動機になったことは確かです。

トトロがそばにいてくれることを思うだけで、寂しさや生きづらさがどこかに吹っ飛んでいってしまうような気がします。

本書を子どもの発達を学ぶ心理学の本としてご活用いただけると幸いです。

２０２１年５月吉日　愛甲修子

アニメに学ぶ心理学2　『となりのトトロ』を読む　目次

第1章 お引っ越し

子どもの生活世界の変容

5月のひざしをいっぱいあびてオート三輪がでこぼこ道をガタゴト走っています。荷台には二人の女の子、そして助手席にはお父さん。二人の女の子は姉妹で、姉は小学5年生のサツキ、妹は4歳のメイ。どちらも5月ちゃんです。

二人のおかあさんが肺の病気になって入院を余儀なくされたことから、療養所近くの松郷にお父さんと引っ越してくることになりました。舗装されていない道はでこぼこで、荷台に乗っているサツキとメイは家具につかまっていないと振り落とされてしまいそうです。

サツキがキャラメルの箱を振ってひとつ取り出し、「お父さん、キャラメル」と助手席に座っているお父さんに手渡します。「ありがとう」とキャラメルを口に入れるお父さん。車の後方を見ると、おまわりさんのような制服を着た男性が自転車をこいできます。あわててメイにかくれるように言うサツキ。もしおまわりさんだったら荷台に子どもが乗っているのがわかると職務質問されるに決まっているからです。ひょっとしたら罰金を支払わされるかもしれません。自転車が通り過ぎると制服姿の男性が郵便屋さんだということがわかりました。サツキは安心して「こんにちは」と郵便屋さんに手を振ります。郵便屋さんも手を振り返してくれました。

せまい山道を通り過ぎると、田んぼが広がる明るい場所に出ました。サツキと同じ年くらいの男の子が手伝いをしています。「お家の方はどなたかいらっしゃいませんか」とお父さんが聞くと、男の子は黙って遠くで働いている大人たちのほうを指さしました。働く人たちに向かって「草壁です。引っ越してきました。よろしくお願いします」とお父さんが大きな声であい

さつをします。大きなくすの木がそびえる森の近くでオート三輪は停車しました。どうもその奥にある家がサツキとメイの新しい家のようです。

新しい家に向かってかけだす二人。家の前には小川が流れていて、小さな魚が泳いでいます。小川にかかる橋を渡って小道を進んでいくと西洋風の家が見えてきました。草ぼうぼうの庭にポツンと建つ一軒家です。長い間、誰も住んでいなかったのでしょう。ペンキがあちこちはげおちていて、屋根のトタンは赤さびだらけです。

テラスの柱は腐っていて今にもたおれそうです。サツキとメイが柱をゆらすとぐらぐら揺れて上から木切れが落ちてきました。「きゃー、こわれるー」とサツキ。メイもまねをして「こわれるー」とはしゃぎます。二人は「きゃー、ははは」と、でんぐり返しをしながら庭中を走りまわります。突然、サツキが「メイ、見てごらん、すごい木」と大くすに気がつきました。樹齢何百年か何千年かわからないような大くすがそびえたっています。雄大な森の主の姿にサツキとメイは大感激です。

子どもの生活世界の変容

日本の旧暦の5月は皐月（サツキ）、英語の5月はＭａｙ（メイ）なので、姉妹の名前はどちらも5月ちゃんです。

図1　サツキとメイは5月ちゃん

5月は新芽が芽吹く生命が躍動する月です。カール・Ｇ・**ユング**（1875〜1961）が人間の生涯を太陽の動きにたとえて午前と午後で表したように、米国の心理学者ポール・**レヴィンソン**（1920〜94）は、**人生を「四季」にたとえて**、春を児童期〜青年期、夏を成人前期、秋を中年期、冬を老年期と捉えました。

草壁家の引っ越しが5月で、主人公のサツキとメイが5月ちゃんであることから、『となりのトトロ』は、**人生の春にあたるこどもの物語**であることがうかがえます。

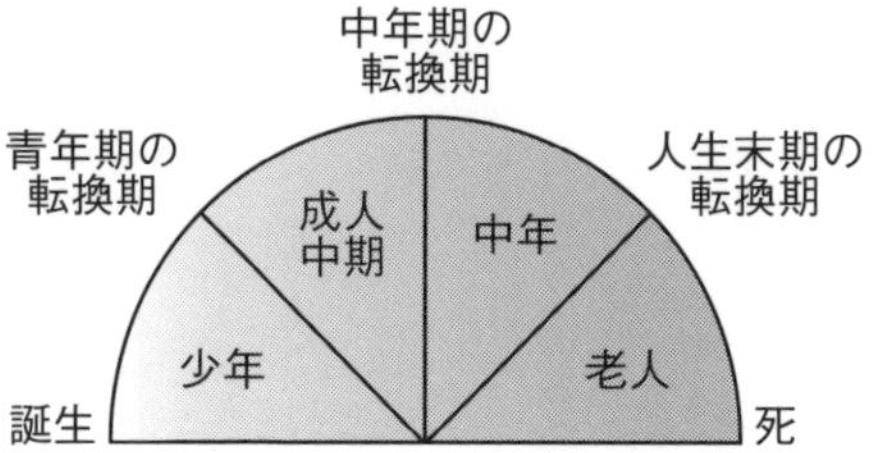

図2 ユングのライフサイクル論

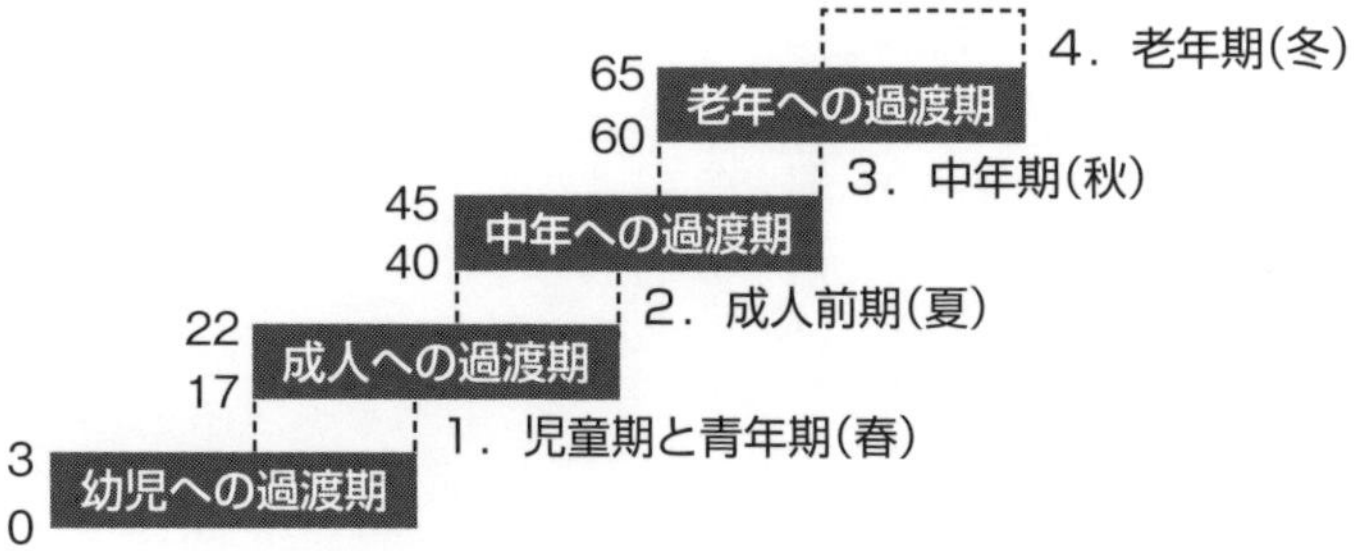

図3 レヴィンソンのライフサイクル論

▼なぜサツキとメイは引っ越しが嬉しいのか

引っ越しは、子どもにとっての日常が大きく変化するできごとです。転校ひとつとってみても、見知らぬ子どもたちのなかにひとりで入っていくことになりますし、住み慣れた家が変わることで生活環境が一変します。慣れ親しんだ公園や遊び場に行けなくなるし、親しい友だちや近所の人たちとも会えなくなります。そういった意味からも、子どもにとっての引っ越しは、不安でいっぱいな経験になります。

ところが、サツキとメイは引っ越しをワクワク楽しんでいるように見えます。おばけやしきと呼ばれるスストとホコリでいっぱいの田舎家に引っ越してきたのにどうしてこれほどまでに楽しそうなのでしょう。

ジブリ作品の『千と千尋の神隠し』も引っ越しのシーンから始まります。主人公の千尋は、引っ越しを否定的に捉えており、転校先の小学校を見ようともしません。子どもにとっての引っ越しは、千尋のように不安のほうが期待よりも大きいのがふつうです。

ここでサツキとメイの家庭状況を見てみましょう。姉妹のおかあさんは、七国山病院に入院しています。これまでは電車やバスを乗り継いで何時間もかけてお見舞いに行っていましたが、新しい家からですと自転車で行ける距離にあります。

こうやってみてみると、どうも姉妹にとっての引っ越しは、大好きなおかあさんのそばに行くことを意味していたようです。

子どもの生活世界の中心はおかあさんです。サツキとメイにとっての引っ越しは、日常の変容による不安よりも、**おかあさんのそばに住む期待のほうがずっとずっと大きかった**わけですね。サツキとメイが引っ越しを肯定的に捉えている理由は、おかあさんに甘えられる未来への希望がふくらんでいたからだと考えることができます。

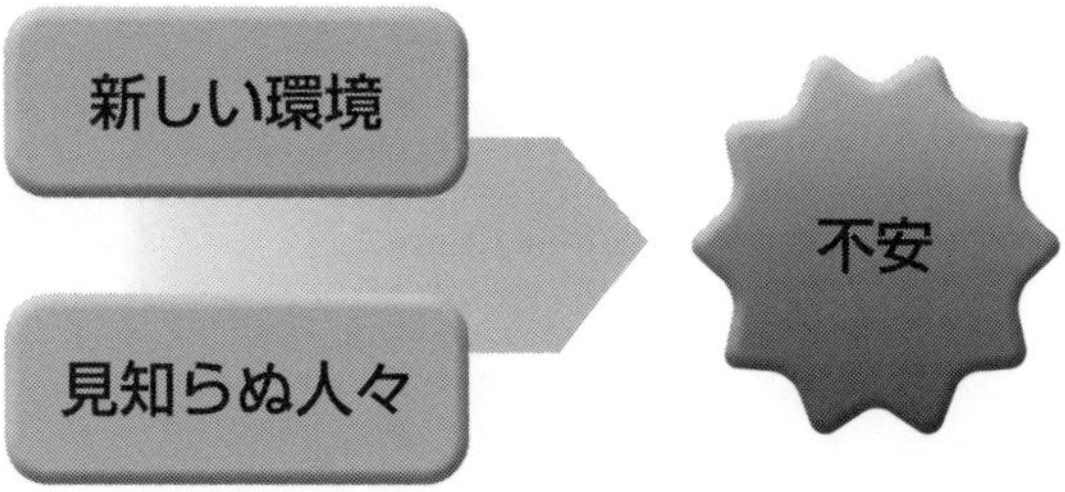

図４ 子どもにとっての引っ越し

図５ サツキとメイにとっての引越し

第2章

ドングリ

成長への祈り

サッキとメイは雨戸をあけているお父さんのほうにかけ寄っていって、縁側に体を乗り出します。すると畳の上で何かがキラリと光りました。サツキが靴をはいたまま膝立ちで近づいてみると、それはドングリでした。緑色の生まれたてのドングリが畳の上に落ちていたのです。誰もいないはずの家のなかにどうしてドングリが落ちているのでしょう。この家には何かいるのかもしれません。

雨戸を開けているお父さんの下をくぐって、メイもドングリをひろいました。「こらこら、雨戸があけられないじゃないか」と優しくお父さんがさとします。サツキとメイがドングリを手にして「ドングリが落ちていたの」と伝えると、お父さんは「リスかな？　それともドングリ好きなネズミかな？」と首をかしげます。「リスがいい」とメイ。

成長への祈り

ここで**ドングリの意味**について考えてみましょう。

ドングリは広葉樹の赤ちゃんです。

ドングリは芽を出してから何十年もかけて大樹へと成長していきます。

ドングリのおかあさんが大くすだとすると、メイとサツキはドングリと同じ子どもです。ドングリが大きな木へと成長していくように、メイとサツキも将来大人の女性へと成長していくことになります。

ユングが提唱した元型のひとつに「グレートマザー」があります。元型とは、人類共通の集合的無意識（普遍的無意識）の原始的心象のことで、人類の最古の最も普遍的なイメージのことです。ユングは精神分裂病（現・統合失調症）の人たちの幻覚や妄想が、正常な人々の夢や空想、神話・伝説・昔話などに流れているイメージときわめて類似性が高いことに気づいたことで、元型の存在に思い至りました。

グレートマザーは、集合的無意識における母なるものをさします。**慈しむもの、包み込んでくれるものといった肯定的なイメージ**と同時に、包み込んで飲み込むといった**子どもを独占・束縛しようとする否定的なイメージ**もあります。ユングの元型論をあてはめると、大くすは、おかあさんの象徴ということになります。

ドングリの意味

メイとサツキのおかあさんは、子どもたちの幸せを願っていますが、肺の病気のせいで入院を余儀なくされており、長期にわたって家を留守にせざるを得ません。

サツキとメイが母親不在の家に引っ越してきたのと、ドングリが母木からはなれて家の中に落ちていたのとどこか似ているような気がします。

『となりのトトロ』には**ドングリがたびたび登場**します。畳の上に落ちていたドングリ、天井から落ちてきたドングリ、階段の上から落ちてきたドングリ、庭に落ちていたドングリ、中くらいのトトロが落としていったドングリ、トトロからプレゼントされて庭に埋めたドングリなどなど。庭に埋めたドングリから芽が出ますが、それは夢のなかでサツキとメイがトトロたちと力を合わせて「大きくなあれ」のおまじないをしたことがきっかけとなっています。

子どもたちが元気に育っていけるよう、日本では、安産祈願、お宮参り、お食い初め、七五三など、神社にお参りにいく伝統があります。八百万の神さまに祈願することは、自然神への祈りでもあり、神木をはじめ、大くすへの祈りも、古来から続く伝統的祈りと同じような意味合いを持っているものと思われます。**ドングリを子どもの象徴**と捉えることで、ドングリが成長していくイメージと子どもが成長していくイメージとが重なり合い、命を守り育てる祈りが伝統行事のかたちで受け継がれていることがわかります。

『となりのトトロ』には、**子どもの成長を願う祈りが、大くすやドングリなどの象徴を通して**一貫して流れているのです。

図6はユングによる心の世界です。ユングは集合的無意識（普遍的無意識）がイメージの形をとって現れるとしていて、このイメージは歴史的な相似性によってのみ理解可能だと説明します（『分析心理学』みすず書房1976文献（15））。

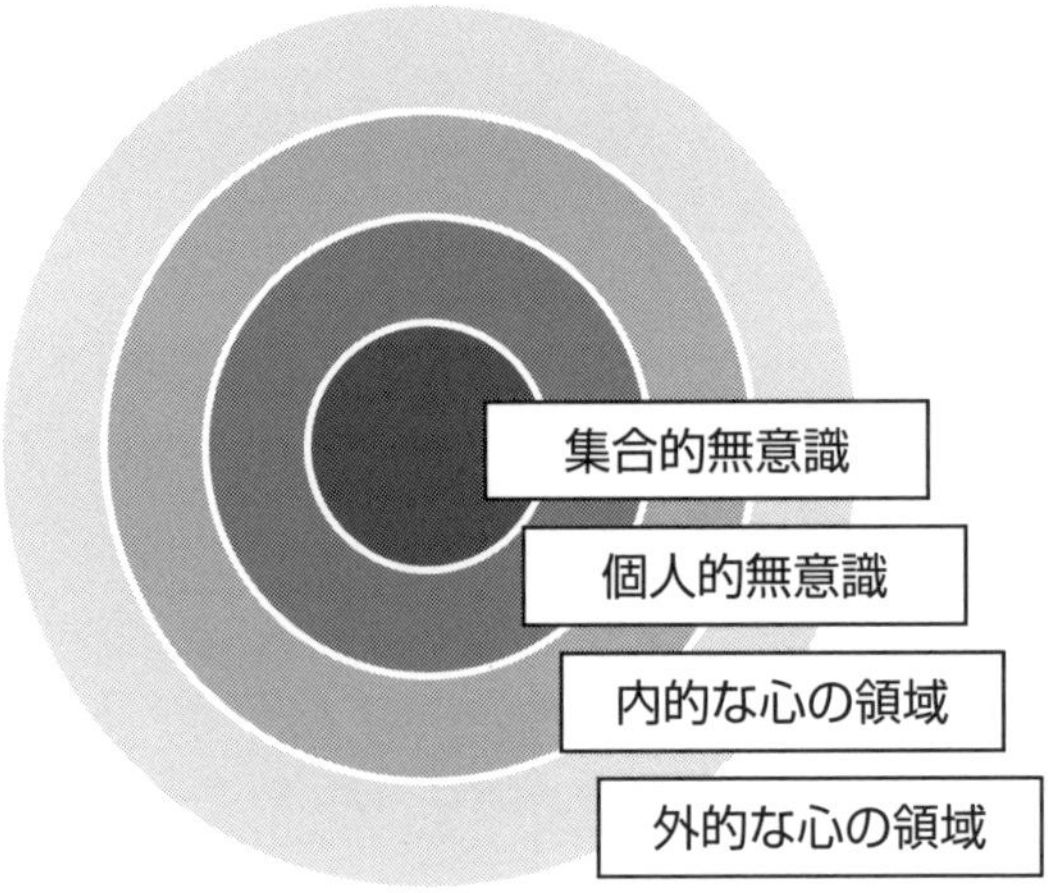

図6 ユングの心の世界

歴史的相似性の一例としては、太陽神の存在があげられます。ギリシャ神話やエジプト神話など世界の神話に太陽神が登場しています。例えばアポロンはギリシャ神話、天照大御神は日本神話に登場する太陽神です。太陽神への祈りは全人類の心の深部に息づく集合的無意識の現れでもあるわけです。

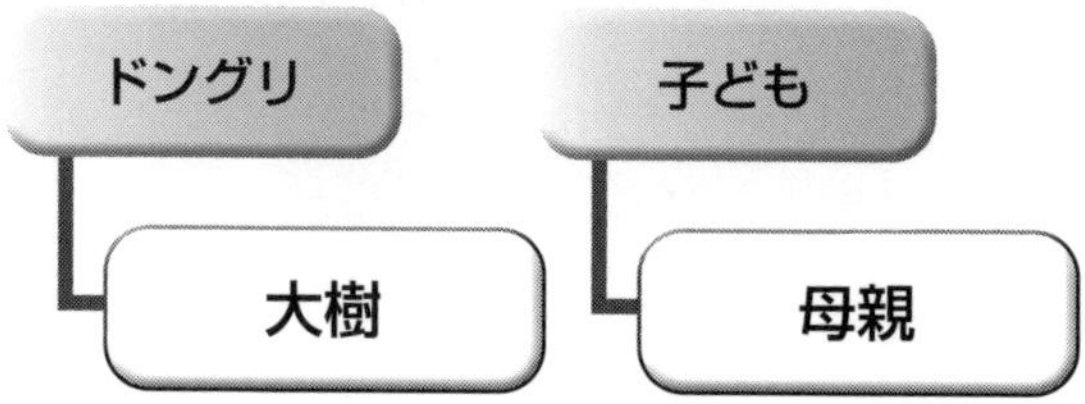

図７ ドングリの意味

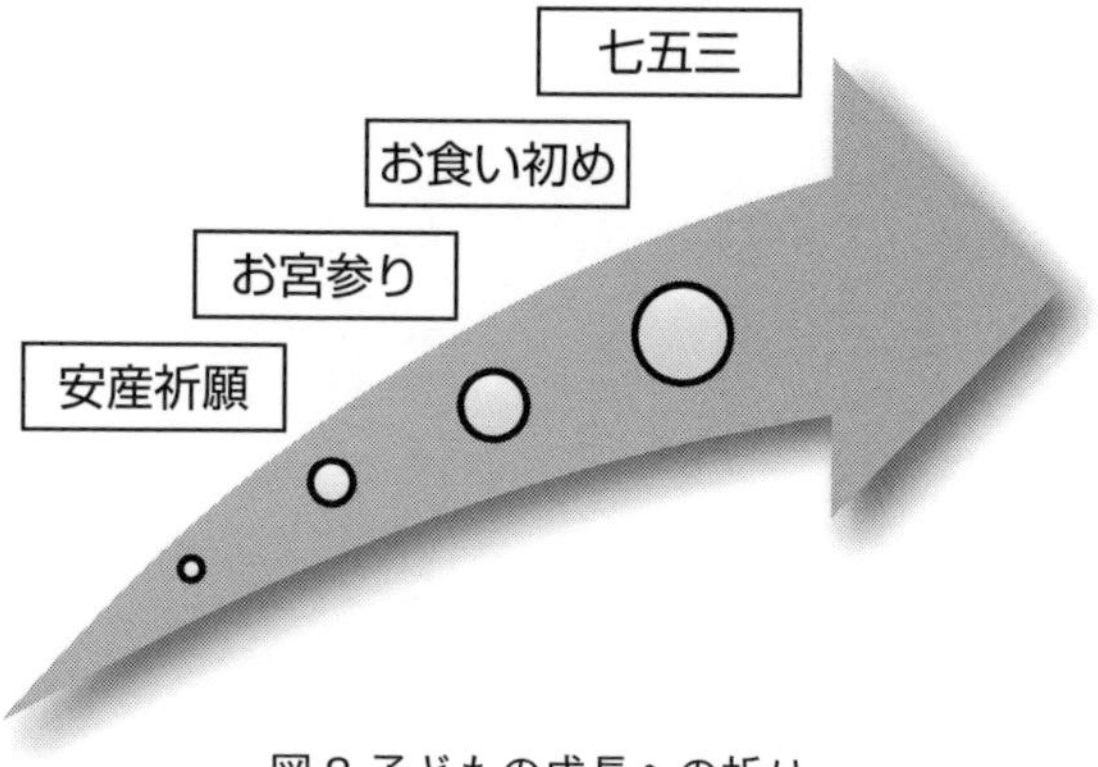

図８ 子どもの成長への祈り

第3章

おばけやしき

こころの発達の土台とは

お父さんからカギを渡されて勝手口をあけようと家の裏手にまわるサツキとメイ。ここも雑草でいっぱいです。サツキが勝手口をあけると、そこは台所でした。真っ黒な丸い小さな生き物がザワーと動いてどこかに消えていきました。これまで見たことのない不思議な生き物たちです。

「マックロクロスケ」の登場

二人は「ワ～ッ」と大声をあげて「行くよ」と中に入っていきます。二人の声を聞いて台所に入ってきたお父さんに、「お父さん、この家、何かいる」と報告するサツキ。お父さんは無言のまま風呂場の窓を開けたり、風呂のふたをどけて中をのぞいたりして何もいないことを確かめてくれました。そして二人が見た黒いザワーっと動いて消えた生き物のことを「マックロクロスケ」だと説明してくれました。明るいところから急に暗いところに入ると「マックロクロスケ」が見えるのだそうです。

サツキとメイはお父さんの説明を聞いて安心しました。そしてお父さんから出された「**2階の階段はどこにあるでしょうか？**」という問題に頭を切り替えて階段を探すことにしました。

2階へと続く階段がどこかにあるはずですが、これがどうしてなかなか見つかりません。

家中の扉という扉をひとつひとつ開けては確認していくサツキ。その後をくっついていくメイ。ついに2階へと続く扉が見つかりました。扉を開けると階段があり、階段の先には暗やみがシーンと広がっています。突然、コンコンコンコンと音をたててドングリがひとつ落ちてきました。誰が落としたのでしょう。サツキとメイは「マックロクロスケ出ておいで」と大声をあげますが静寂がかえってくるばかりです。

二人は意を決しておそるおそる階段を上っていきました。階段の上からそっと顔を出して「あー」と大きな声をあげましたが、そこには西洋風の不気味な部屋ががランと広がっているだけです。

サツキが「マックロクロスケさんいませんか？」と小さな声で呼びかけると、何かがザワーと動いた気配がしました。勇気をふりしぼって奥の窓に走り寄って雨戸を開けるサツキ。

庭で荷物を運んでいるお父さんに向かって、「**お父さん、この家、何かいる**」と叫ぶと、「**それはすごいぞ、お父さんは子どもの時からおばけ屋敷に住むのが夢だったんだ**」とお父さんがこたえます。

突然お父さんの足がもつれて運んでいたタンスと一緒に倒れそうになったので、サツキは「アッ大変」と階段をかけおりていきました。

マックロクロスケが壁板の中に入り込んだのをじっと見つめていたメイがひとり部屋に残されました。マックロクロスケたちが入り込んだ壁のすき間に人差し指を入れようとしたとたん、ドワーとマックロクロスケが吹き出してきました。驚いて心臓が飛び上がりそうになったメイでしたが、1匹逃げ遅れて天井からふわりふわりと落ちてきたのを両手でパチンとつかま

えると、急な階段を一段一段下りていきました。

ファンタジーを共有するということ

サツキとメイが引っ越してきた家では不思議なことがいっぱいおこります。ドングリがとつぜん天井から落ちてきたり、まっくろな丸い小さなおばけがザワーと動いたり……。

ところが驚いたことに、お父さんもとなりのおばあちゃんもおばけの存在を否定しません。否定するどころか、となりのおばあちゃんは、「小さいころは私にも見えたが、あんたらにも見えたのかい」と言って、おばけの存在を共有してくれました。そしてそれがススワタリであると教えてくれました。お父さんは「おばけ屋敷に住むのが小さいころからの夢だった」と言い、入院中のおかあさんも「おばけさんに早く会いたいわ」とおばけ屋敷に住むのを楽しみにしてくれています。

おばけの世界は、ファンタジーの世界です。ファンタジーの世界は、ユングの集合的無意識とも通じる人類に共通した普遍的な世界が展開されています。**ファ**

ンタジーの世界を大人と子どもが共有できることが、子どもの育ちにとってどれだけ大切であるかをこの物語は教えてくれます。

ユングの集合的無意識論

ユングは、無意識の発見者ジークムント・**フロイト**（１８５６～１９３９）に強く影響を受けた心理学者ですが、その後フロイトと決別し、独自に分析心理学を打ち立てました。ユングは、無意識には個人的無意識と集合的無意識があると考え、**集合的無意識は人類が長い間受け継いできた経験の蓄積から遺伝子に組み込まれたもの**であると考えました（図６参照）。

近年の研究から、ホロコーストの生き残りの子孫にＰＴＳＤと呼ばれる心的外傷後ストレス障害の症状が高い確率で出現することや栄養失調を経験した人たちの子孫に肥満体質が多く見いだされることなど、**人間の経験が遺伝子に組み込まれていくこと**が明らかになってきています。

次の文章は、ＮＨＫスペシャル『人体ミクロの大冒険』からの抜粋です。「これまでは、体内の細胞はそれ自体が持つ遺伝情報で決められた固定経路に沿って成長すると考えられていました。でも、現在わかっていることは非常に違った全体像です。細胞は、胎盤を通って母親からくる栄養とホルモンの流れに常に適応しており、その適応は、エピジェネティックな過程を通して細胞のＤＮＡに固定されます。そして、その個人の一生を通して細胞がどう行動するかに長期的な影響をもたらすのです」（『人体ミクロの大冒険～60兆の細胞が紡ぐ人生』95頁、角川書店　２０１４）

ユングが唱えた集合的無意識のような遺伝子レベルでの経験の伝承が、科学的にも正しいことが証明されつつあるわけですね。このように遺伝と環境の双方が影響しあって人間が発達していくことが細胞レベルでも解明されてきています。

こころの発達の土台

人間関係の土台は、養育者と赤ちゃんとのスキンシップを通した授乳などの母子相互の愛着から形成されていきます。ファンタジーの共有も「**絶対的信頼・安心安全**」を構築していくうえで欠かせない経験であり、乳幼児が母親を内在化していくうえで大きな力を与えてくれるものとなります。

絵本の読み聞かせなどによって親子でファンタジーの世界を共有できるようになることも、そういった意味からとても大切なわけですね。

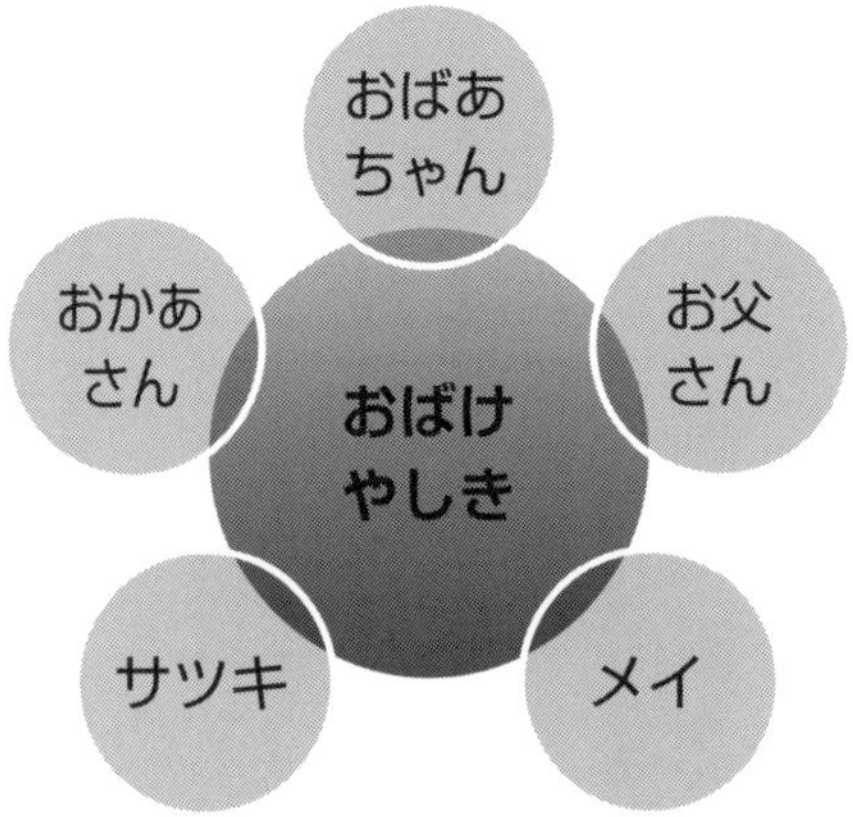

図９ ファンタジー（集合的無意識）の共有

第4章

マックロクロスケ

手足のないススワタリ

つかまえたマックロクロスケをサッキに見せようとメイは階段を降りていきます。下では見知らぬおばあちゃんがお父さんと話をしていました。メイはマックロクロスケを捕まえてあわてていたので、おばあさんのお尻に衝突してしまいます。おばあさんは声を荒げることもなく、優しくメイを見守ります。

メイはどうしたらよいかわからなくなって両手を前に突き出したまま、部屋の中をあちこち走りまわってサツキの後ろに隠れました。「元気だねえ」とおばあさん。「このうちを管理されているお隣のおばあさんだよ。応援に来てくださったんだ」とお父さんが二人におばあちゃんを紹介します。

サツキがお姉さんらしく「サツキに妹のメイです。こんにちは」とあいさつをしました。「はい、こんにちは、かしこそうな子だよー」とおばあさんが褒めます。

サツキはメイの手がまっくろなのを見て、「メイ、手、まっくろじゃない。どうしたの?」とたずねます。「マックロクロクロスケ逃げちゃった」とメイ。「あ、メイの足……、あ、私の足もまっくろ」二人の足の裏はまっくろです。

「ススワタリが出たな」

それを見たとなりのおばあちゃんは、「ホホー」と近づいてきて、「いやいやいやいや、これはススワタリが出たな」と言いました。

「ススワタリって、こんなんで、ザワザワって動くもの?」とサツキがジェスチャーを混ぜて聞くと、「んだ、だあれもいねえ古い家にわいて、そこらじゅうススとホコリだらけにしちゃうのよ。小さい頃には、わしにも見えたが、そうかーあんたらにも見えたんけー」とおばあさん。

お父さんが「それは妖怪ですか?」と聞くと、「そんだら恐ろしげなものじゃねえよ。ニコニコしとれば悪さはしねえし、いつの間にかいなくなっちまうんだ。今頃、天井で引っ越しの相談でもぶってるかな」とおばあちゃん。

「メイ、こわくないもん」とメイが言うと、「じゃあ夜になってもお便所いっしょに行ってあげない」とサツキ。

「さあさ、掃除しよ、川で水を汲んできておくんな」とおばあちゃんに促されて、サツキはバケツを持って川に水くみに行きました。メイがいつものようにサツキの後を追いかけます。「メイは、そこで待ってな」とサツキ。「おさかなとれた?」とメイ。サツキはバケツに水を汲むと庭にある井戸のポンプの口に水を入れました。そして井戸のレバーを漕ぐと水が出てきました。「おばあちゃん、出た」とサツキ。「よーく漕ぎな、つべたくなるまで」とおばあちゃん。お父さんはタンスを運んだり、布団を押し入れに入れたり大いそがし。おばあちゃんとサツキは家中のふき掃除です。

手足がないマックロクロスケ

マックロクロスケはファンタジーの世界の生き物で空を飛ぶことができます。マックロクロスケのおかあさんは大くすです。サツキとメイが勝手口から台所に入ろうとした時にはたくさんのマックロクロスケがいましたが、扉を開けたとたんザワーとどこかに消えてしまいました。

台所に入ってきたお父さんは、暗い所から急に明るい所に出たときに見えるものでマックロクロスケだと説明してくれて、風呂のふたを開けたりして何もいないことを確認してくれました。となりのおばあちゃんは、サツキとメイが見たのはススワタリで、となりのおばあちゃんが小さい頃には見えていたと二人が見たものを肯定してくれました。古い家にわいて家中をススやホコリだらけにしてしまうとも説明してくれました。

『となりのトトロ』に登場する**マックロクロスケには手足がありませんが、『千と千尋の神隠し』**に登場する**マックロクロスケには手足があります。**

なぜ『となりのトトロ』のマックロクロスケには手足がないのでしょうか。それは『となりのトトロ』に登場するマックロクロスケがまだ子どもだからです。

子どもに必要なのは自立ではありません。大人に甘えて守ってもらう安心・安全です。自立するための手足はまだ必要ありません。**子どもは大人に守られ慈しまれることで、自分を律することができる**ようになります。その結果、相手を信頼し、相談したり支えてもらったりして主体性を獲得し、自立して生活していけるようになるのです。

大くすへと続く木のトンネルのなかにもマックロクロスケたちがいますが、木のトンネルのなかはおかあさんの子宮へと通じる産道の象徴でもあります（図15、43頁参照）。

退行とは、発達段階を逆戻りすることです。サツキとメイは退行することで、トトロへと通じるファンタジーの世界の扉を開くことになりました。

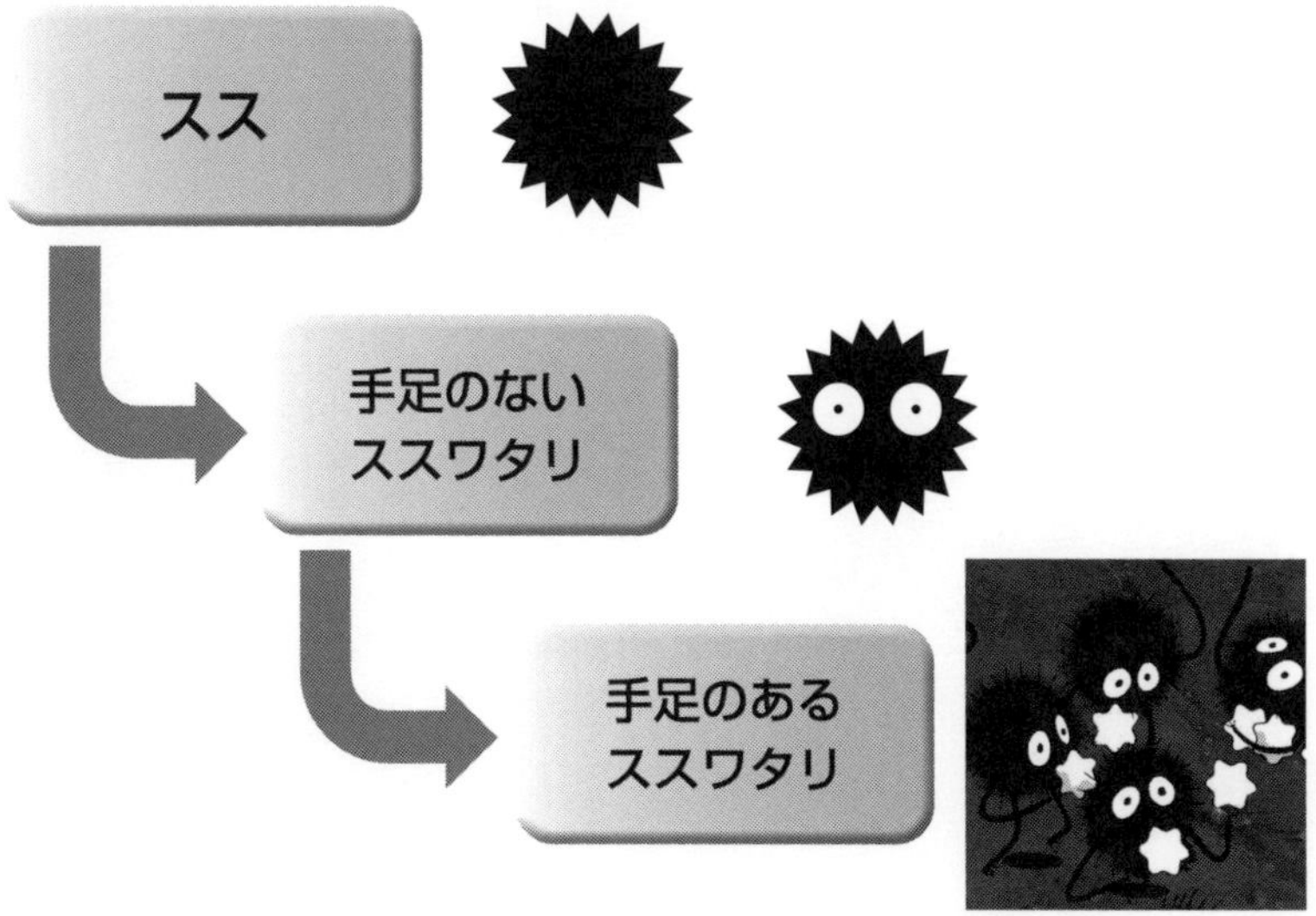

図10 ススワタリ

第5章

となりのおばあちゃん

おかあさん代わり

カンタが、お母さんが作ったおはぎを持ってやってきました。台所に食器を運んでいたサツキでしたが、カンタがいることに気がつきます。カンタはサツキに向かっておはぎの入った桶を無言で突き出し手渡すと逃げるように立ち去りました。家から少し離れたところで、「やーい、おまえんち、おばけやーしき」とあっかんベーをしてから足早に立ち去っていきました。サツキも負けずにあっかんベーを返します。その様子を見ていたとなりのおばあちゃんが「カンタ―」と叱ります。「そういうのおとうさんにもあったな」とお父さんが笑います。「男の子きらい、でもおばあちゃんちのおはぎは、と―ても好き」、サツキはおいしそうにおはぎを食べます。引っ越しのかたづけが終わって家のなかがすっかりきれいになりました。

お父さんが「どうもありがとうございました」と、となりのおばあちゃんにお礼を言います。「ごくろうさま」引っ越し業者の男性もオート三輪で帰っていきました。こうして新居での一日が暮れていきました。人間が引っ越してきたので、ススワタリたちもお引っ越しです。

「おかあさん代わり」の条件

となりのおばあちゃんは、草壁家が引っ越してきた家を管理してくれている人です。5月は田植えの時期にあたるので、農家にとっては1年で一番忙しい繁忙期にあたります。家族が引っ越してくるまでに家の掃除をしておこうと思っていたようですが、かないませんでした。

この日、サツキとメイは、はじめてとなりのおばあちゃんと対面しました。知り合いがいない中、今後いろいろな面で二人を支えてくれることになります。つまり、「おかあさん代わり」ですね。

ここで、おかあさん代わりについて考えてみたいと思います。**おかあさん代わりに必要とされる条件**とはいったい何でしょうか。

そのひとつは、ハーローによるアカゲザルの代理母の実験で明らかにされています。

アカゲザルの代理母の実験

アメリカの心理学者ハリー・**ハーロー**（1905〜81）は、アカゲザルの赤ちゃんのケージに、哺乳瓶を持った針金でできた母親の人形と、哺乳瓶を持たない布で覆われた母親の人形を入れておきました。すると赤ちゃんは、たまにミルクを飲むとき以外は、ほとんどの時間を布で覆われた人形にしがみついていることを見出しました。

この実験から、**母親への愛着**はミルクをくれるからではなく、**身体的接触自体にある**ことが明らかになりました。

この結果は、**フロイトの「空腹の理論」**（子どもの母親への愛着は、食物に対する欲求の二次性のものであるとする説）**に対する反証**ともなりました。

いったん布製の代理母に愛着を形成すると、子ザルは**代理母を「安全基地」**とみなします。次第に周囲を探索するようになりますが、不安になると駆け戻って慰めを求めることも明らかになりました。

このプロセスは、オーストリア＝ハンガリー帝国の児童心理学者マーガレット・**マーラー**（1897〜1985）が**幼児に見出した分離−個体化の行動パターン**と酷似しています。マーラーは、新生児が母親との共生状態、つまり母子一体で自他の区別のつかない状態から、いかにして自己と他者を区別して、その精神内界に自己像と他者像を分化させていくかといった分離−個体化の研究を行ないました。図11はマーラーの乳児期の精神発達図式です。エリクソンやフロイトは乳児期をひとつの発達段階として捉えましたが、マーラーは0歳〜1歳半までを5つの発達段階に分類しました。

年齢	フロイト	エリクソン	段階	親子関係	自我形成	危機と不安
0	口唇期	信頼感	自閉期	母子の一体性	心と体 自と他 未分化	破滅不安 被害感、憤り、 基本的不信
2～3月	↓	↓	共生期	欲求充足的依存関係 3カ月の微笑	親と融合した自己	〃
4～8月			移行期	受動的な「いない・いないバー」 母の顔の特定化 6カ月不安	部分的自己	分離不安 抑うつ感、怒り、罪悪感、無気力、空虚感
9～12月			練習期	おもちゃへの関心 積極的な「いない・いない・バー」	万能感的誇大自己	〃
～1歳半	口唇期	不信感	最接近期	後追い、まとわりつき、ことばによる接近	全体的自己	〃

図11 マーラーの乳幼児の精神発達図式

(1) 自閉期：生後間もない赤ちゃんは、自分のところとからだ、自分と母親との区別がまだつかない

(2) 共生期：母と子がくっつきあう時期で、このとき、母親と一心同体という融合体験をもてるか否かが、その後の自我の発達の基盤となる

(3) 移行期：母親との融合関係が満たされると、母親からの分離が起こり始める。この時期の子どもは、母親の顔や衣服の端をまさぐったり、自分の指をしゃぶったり、シーツを手探りしたりしている。この移行対象にふれながら、母親と自分が一体でなく分離したもので、自分とは別のものであることを認識していく。

(4) 練習期：「いない・いないバー」は、母親との別れの練習ともいえる。急に大切なものがなくなった！いや、ところがいたという体験は、母親はいなくてもあらわれるのだという安心感につながる。8カ月頃から人見知りが始まるが、これは自分と対象とが分化して、見知ったものには安心感、見知らないものには不安を感じるわけで、自我発達にとっては大切な経験である。

(5) 再接近期：子どもは急に母親にまとわりつくよ

うになる。①養育者から離れて自分独自の行動がより自由になる。②動けることによって視界、つまり外界の見え方が一変し、子どもは母親の膝を基地にして、出かけては戻ることを繰り返して、次第に行動半径を広げていく。また、子どもは母親と身体接触ばかりでなく、ことばによって甘えることが増えてくる。

「気持ちがいい」状態

子どもが成長するうえで大切なのが**生育環境**です。食事、睡眠、清潔などの日々のケアの他にも、フワフワ感（身体感覚）、ここちよい味（味覚）、ここちよい匂い（嗅覚）、空想の世界と現実の世界をつなぐファンタジーの世界（視覚）、あたたかでおだやかな声のひびき（聴覚）といった**子どもの五感すべてを包み込む安心感**が大切なわけですね。

もう少し詳しく説明しましょう。

「おいしい」は味覚を通して「気持ちがいい」状態です。

「いい香り」は嗅覚を通して「気持ちがいい」状態です。

「いい感触」は触覚を通して「気持ちがいい」状態です。

飛んだり跳ねたりして気持ちがいいのは、**固有受容覚や前庭覚を通しての生体の喜び**です。固有受容覚は、自分の体の位置や動きや力の入れ具合を感じる感覚のことで、前庭覚は、自分の体の傾きやスピードや回転を感じる感覚のことです。

視覚や聴覚についても同様です。

さかのぼって、**胎児**はおかあさんと胎盤を通して臍の緒で一体化しているがゆえに、おかあさんの「気持ちがいい」がとても大切です。

赤ちゃんにとっての「気持ちがいい」は、体全体を通して感じる「おいしい」「いい香り」「いい感触」「いい音色」「お母さんの笑顔」などの「気持ちがいい」になります。おかあさんに抱かれておっぱいを飲んでいる時の赤ちゃんの顔を見ていると、おかあさんにすべてを委ねていて幸せそのものです。

幼児にとっての「気持ちがいい」は、こころの秘密基地に内在化されたおかあさんに守られ活動範囲が広がって多様化してきます。

これらのことから、**おかあさん代わりに必要なものは、「気持ちがいい」**であることがわかります。その他、

子どもの気持ちを察する力、ファンタジーの世界を肯定的に捉えるセンスなども必要だと思われます。

サッキとメイが母親不在の家庭のなかで、元気に過ごすことができたのは、おかあさん代わりの存在があったからだと考えることができます。

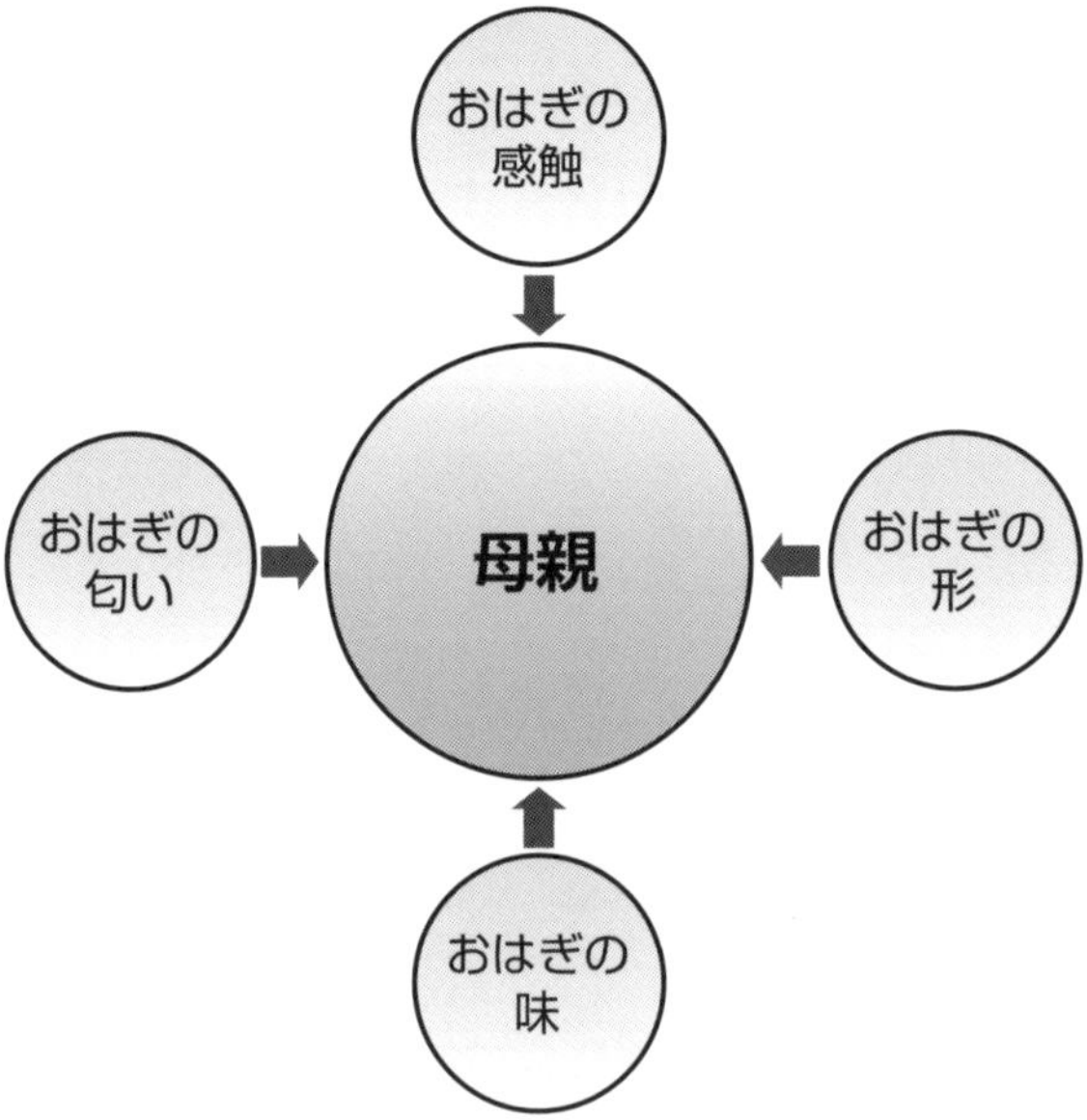

図 12 ここちよさ① おはぎの例

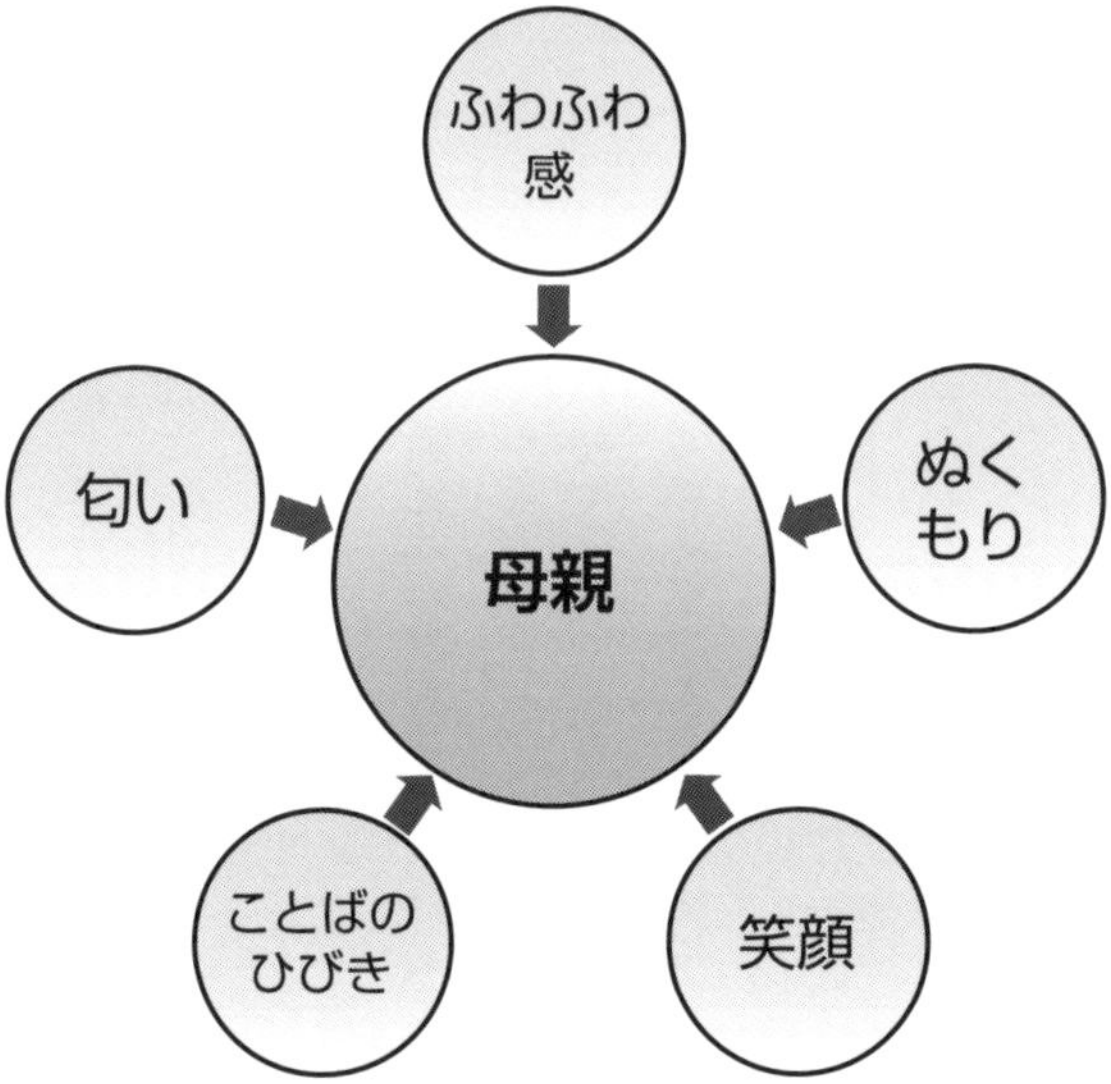

図 13 ここちよさ② おかあさん代わりに必要なもの

第6章
大くす
母性の象徴

お父さんは夕ごはんのしたく、サッキはお風呂のしたくにかかります。お風呂は五右衛門風呂。まきを燃やしてわかす日本の昔のお風呂です。サツキが勝手口の扉を開けて庭にまきを取りに出ると、突風がふいてきてサツキが持っていたまきを吹き飛ばしてしまいました。嵐が近づいてきたようです。大くすの森の木々が風で大きく揺れています。

お風呂に入っていたメイが「お父さん、おうちボロだからつぶれちゃうよ」と言うと、お父さんは「ハハハ、引っ越したばかりでつぶれるのは困るなあ」と笑います。外は風が吹き荒れていて、屋根のトタンがバタバタ音をたてます。ガランガランと庭のバケツがころがる音が聞こえてきました。

お父さんが突然、「ワハハハハハ、みんな笑ってみな、おっかないのが逃げちゃうから」と言って大きな声で笑いだしました。「メイ、こわくないもん」とメイは笑いません。サツキも「ハハハハ」と笑いますが、メイは笑いません。サツキがメイをくすぐると、とうとうメイも笑い出しました。3人でお湯をバシャバシャさせて大笑いしていると、ススワタリたちが大くすの元へと引っ越していきました。

母性の象徴

大くすはススワタリたちのおかあさんです。ススワタリはファンタジーの世界の住人です。

日本は海に囲まれ、川や湖や山や森がたくさんあって、自然豊かな国です。サツキとメイのお父さんが、「むかしむかし木と人間は仲良しだったんだ」と話していますが、**日本文化が母性的文化**であると言われる所以は、自然が豊かで、四季があって、神木に代表される

ような自然神に守られながら育まれてきた文化だからです。
もし日本が砂漠や岩ばかりの国だったら、私たちの日常はかなり違ったものになっていたはずです。砂漠だと水が乏しいので、四季はもちろんのこと、豊かな自然は育たず、ゆだねるというよりも自然を征服して生きていくことになります。西洋文化が父性的文化と言われる所以は、キリスト教の影響もありますが、水を手に入れるために自然を征服してきた歴史が深く関係しています。
『となりのトトロ』は、昭和初期の日本の原風景がモデルになっています。**母性的文化としてのやわらかなあたたかい雰囲気**が物語全体を包んでいるように感じられるのは、登場人物たちの言葉のひびきも関係しています。
引っ越してきたばかりで不安でいっぱいの子どもたちに対して、お父さんはあたたかく接しています。お父さんは、引っ越しで忙しくても声を荒げることはありません。常におだやかな気持ちでサツキとメイと接しています。雨戸をあけるのをメイが邪魔した時も「こらこら雨戸があけられないじゃないか」と優しく諭していますし、入浴中に大きな声で笑うことで子どもたちの不安を解消しようとしています。

子どもを支える「感情制御」とファンタジーの共有

ところで、**ことばのひびき**とは一体どのようなものなのでしょうか。おかあさんが赤ちゃんに語りかける時のことばのひびきを思い浮かべていただくとわかりやすいかもしれません。

赤ちゃんはまだことばの意味がわかりませんが、優しいことばのひびきだとうれしそうに体をバタバタしたり、おかあさんを見つめて笑ったり、声を発したりして喜びの表現を返してくれます。どなり声だと、不安そうな表情をして体をこわばらせ泣いてしまいます。

私たちは**ネガティブな感情のときには、ポジティブな感情になろうとさまざまな行動**をとります。例えば身体を動かしたり、現在の状況を解釈しようとしたりします。

お父さんがワッハッハと笑って、子どもたちにも笑うよう促したのは、不安な気持ちを解消してポジティブな感情にさせてあげたいと考えたからに違いありません。笑うから楽しいのか、楽しいから笑うのか、どちらが先であったとしても、人は不安を感じた時に笑うことで、楽しい気持ちに変わります。このような取り組みのことを心理学では「**感情制御**」と呼びます。(Eisenberg et al.2000)。

子どもたちのこころを支えるもうひとつの要素は、先ほども触れましたが、**ファンタジーの共有**です。

ここで少しヘレン・ケラーのお話をさせていただこうと思います。ヘレン・ケラーは赤ちゃんの時に高熱を出したことが原因で、視力と聴力を失った女性です。彼女は家庭教師アン・サリヴァンと出会うまで野生児そのものでした。

彼女の世界が大きく好転したのは、すべてのものに名前があることに気づいたことがきっかけでした。水には「水」という名前があり、己には「ヘレン」という名前があることを知ったことで、それまでの混沌とした世界が秩序ある世界へと変わり、他者とのコミュニケーションが可能となっていきました。

サツキとメイは、都会生活のなかで絵本をたくさん読んでもらってきており、**ファンタジーの世界の生き物たちに名前がある**ことを知っていました。『となりのトトロ』のおしまいのシーンに、おかあさんが子どもたちに『三匹のやぎ』の絵本を読んでくれている情景があります。『三匹のやぎ』にはトロルが登場します。メイが絵本のトロルを知っていたからこそ、トトロと出会えましたし、マックロクロスケやネコバスを思い描くことも可能だったわけですね。世界中でサンタクロースが共有されているように、『となりのトトロ』では、おばけが共有されています。大人がおばけの存在を否定せずに共有してくれていることも、子どもたちのこころを支える大きな力になっているのだと思います。

第7章

お見舞い

ほんもののおかあさん

朝になりました。昨晩の嵐がうそのように空いちめん晴れわたっています。「いちに、いちに、いちに、いちに」とサツキとメイは、せんたくものを足で踏んで洗っています。「それ、がんばれ」とお父さん。「よし、せんたく終わり！」とお父さんのかけ声で、「わーい」と部屋の中に駆け込む二人。

今日はおかあさんのお見舞いに行く日です。サツキは白い帽子によそいきの服、メイは麦わら帽子によそいきの服を着ています。自転車の前座席にメイ、後部座席にサツキ。お父さんが運転手です。「しゅっぱーつ」、家から歩道までの坂道を「あ〜〜、あ〜〜」と自転車はおりていきます。

田植えをしているとなりのおばあちゃんに向かって、「おばあちゃん、こんにちは」とサツキ、「ごせいが出ますね」とお父さんがあいさつします。「おそろいでおでかけかい」とおばあちゃん。「おかあさんのお見舞いに行くの」とサツキ。「そりゃ、えらいなー、よろしく言っとくれ」とおばあちゃんが言いました。

三人は、途中、休憩をとりながら七国山病院を目指します。自転車を押して山道を登るおとうさんは大変そうです。ハーハー肩で息をしながらやっとのことで七国山病院に到着しました。

サツキとメイは、おかあさんがいる大部屋に入っていきます。「あっ、おかあさん」とメイはおかあさんに抱きつきました。「お父さん、道まちがえちゃったんだよ」とメイが言うと、「そう」とおかあさんがこたえます。サツキが少し恥ずかしそうに「今日、田植え休みなの」とおかあさんに報告します。「あ、そうか。もう落ち着いた？」と聞くおかあさんにサツキがひそ

ひそ話をします。

「えー、おばけやしき？」とおかあさん。「おかあさん、おばけやしき好き？」と心配そうに聞くサツキに向かって、「もちろん。早く退院しておばけに会いたいわ」とおかあさんは嬉しそうに答えます。「よかったね、メイ」「うん」「心配してたの、おかあさんが嫌いだと困るなーって」「サツキとメイは？」、「好き！メイこわくないもん」とメイ。

おかあさんがメイの髪の毛に触れながら、「フフフ、メイの髪の毛、サツキが結ってあげてるの？上手よー、いいね、メイ」と言います。「でもお姉ちゃんすぐ怒るよ」とメイ。「メイがおとなしくしていないからよ」とサツキ。

「サツキ、おいで」とおかあさんがサツキの髪の毛に触れます。「ちょっと短すぎない？」とおかあさんのブラシでサツキの髪の毛をとかしながら言います。「私、このほうが好き」とサツキ。「あいかわらずのくせっ毛ね。私の子どもの頃とそっくり」「メイも、メイも」とメイがさわぐと「順番！」とサツキが言います。

「大きくなったら、私の髪もおかあさんのようになる?」と聞くサツキに対して、おかあさんは「たぶんね、あなたはおかあさん似だから」と最高のことばのプレゼントをくれました。それを聞いてうっとりするサツキ。

帰り道、「おかあさん元気そうだったね」とサツキが安心したように話すと、「あーそうだね、先生も、もう少しで退院できるだろうと言ってたよ」とお父さんがこたえます。「もう少しって、あした?」とメイ。「またメイのあしたが始まった」とサツキ。「あしたはちょっと無理だな」とお父さんが優しく笑います。サツキとメイはすっかりリラックスした様子で、帽子を首にかけています。

「おかあさん、メイのお布団でいっしょに寝たいって」とメイ。「あれ、メイは大きくなったからひとりで寝るんじゃなかったの」とサツキ。「おかあさんはいいの」とメイ。「ハハハハハ」とみんな幸せな気持ちでいっぱいです。

ほんもののおかあさん

おかあさんは、サツキとメイがお見舞いに来てくれるのを楽しみに待ってくれていました。メイは、おかあさんのベッドにかけ寄ってベッタリ甘えます。サツキはお姉ちゃんですので、おかあさんに甘えるのをがまんしています。そのことをおかあさんは察して、おかあさんのほうからサツキに触れてくれました。そして自分のブラシでサツキの髪をときながら、「あなたはおかあさん似だから」というすばらしいことばのプレゼントをくれました。

　サツキは、おかあさんが大好きです。おかあさんのような大人の女性になれると思うと、大人になるのが今から楽しみです。おかあさんに抱っこしてもらったメイは甘えんぼさんのメイちゃんになりましたし、サツキもおかあさんに代わって家事全般をこなしている日々の緊張がとけたような感じです。

　メイは、ふだんサツキに甘えてはいますが、ほんもののおかあさんではないので、**甘えが十分足りていません**。サツキは、まだ小学5年生ですので、メイのおかあさん代わりをするのには無理があります。サツキの場合は、**自分自身の甘えの部分をすり減らさざるを得ません**でした。

　ほんもののおかあさんに甘えることができたので、二人はがまんの皮が薄くなってしまったようです。

　おかあさんのお見舞いの帰り道、サツキとメイは行きとは違って、すっかりリラックスしています。行きはきちんとかぶっていた帽子を二人とも首にぶらさげ、サツキは後部座席に立ったままの姿勢でお父さんの肩につかまって風に吹かれています。

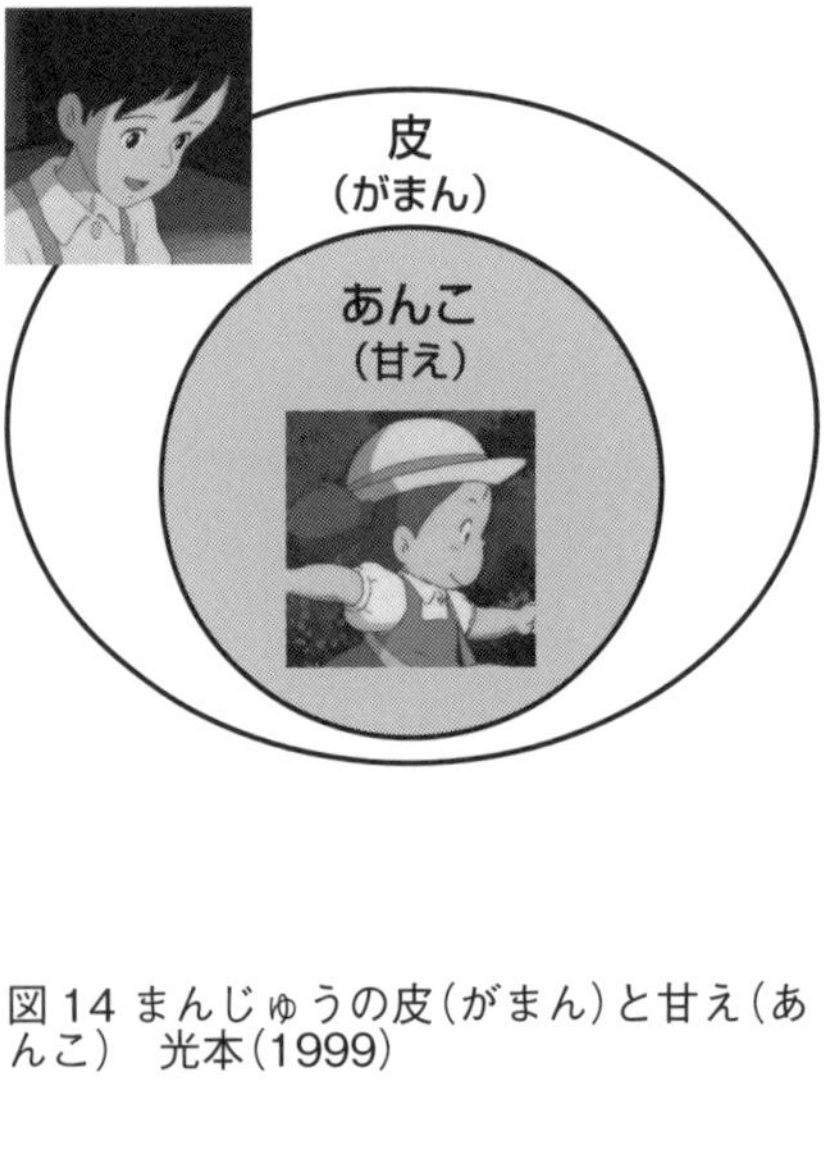

図14 まんじゅうの皮（がまん）と甘え（あんこ）　光本（1999）

第8章 トトロ

移行対象

「お父さん、朝ですよー」とサツキが言うと、「起きろー」メイが寝ているお父さんの布団の上でピョンピョンします。「今日から私お弁当よ」とサツキ。「しまった、すっかり忘れてた」とお父さん。「大丈夫、みんなのも作るね」とサツキは、はりきっています。焼き魚は七輪で焼いて、ご飯はまきで炊きます。ようやく三人分のお弁当が出来上がりました。桃色のデンブや焼き魚が入っているおいしそうなお弁当です。「これメイのね。自分で包んで」とサツキはまるでおかあさんのようです。

「サーッキちゃん」と外でお友だちが呼ぶ声が聞こえました。「アッ大変、はーい」とサツキが元気に返事をします。「もう、友だちができたのかい?」とお父さんはビックリ。サツキはご飯をかきこむと「うん、みっちゃんっていうの、ごちそうさま。いってきまーす」と新しい小学校へ出かけていきました。「いってらっしゃい」お父さんとメイは、ちゃぶ台に座ったまま見送りました。

1 メイ、トトロに会う

サツキが小学校にでかけた後、メイはサツキに作ってもらったお弁当をおかあさんのお手製のバッグに入れてひとりで庭に出ました。「お父さん、メイ、おねえさんみたい」とメイ。「お弁当下げてどちらまで」とお父さん。「ちょっとそこまで」メイは、机で翻訳の仕事をしているお父さんを相手にお花屋さんごっこを始めました。メイにはまだお友だちがいません。引っ越してきたばかりだし、保育園にも幼稚園にも行っていないからです。

「お父さん、お弁当まだ？」と仕事をしているお父さんに聞きます。「お父さん、お花屋さんね」とメイはお父さんの机の上に庭でつんだ花を置きます。

池でおたまじゃくしが泳いでいるのを見つけ、その横に底なしバケツがあるのに気がつきました。バケツの穴からのぞいていると、ドングリが落ちているのが見えます。ひとつひろっては、またひとつひろっていくと、その先に何やら白い生き物が動いています。メイは生き物のあとについて歩き始めました。生き物はメイに気がついたようです。猛スピードで逃げていきます。生き物の足は速くて、途中ですっと消えてしまいました。

どうやら白い生き物は家の軒下に入ったようです。軒下をのぞくメイ。生き物が出てくるのをじっと待っています。横にはモンキチョウがヒラヒラ飛んでいます。生き物が庭に出てきたのに気づかずにいたメイでしたが、生き物の背負い袋からドングリが落ちたので、その音に気がつきました。白い小さな生き物と青いちょっと大きな生き物が逃げていきます。メイは追いかけますが、2匹はものすごいスピードで逃げていって茂みのなかに入ってしまいました。茂みの中には不思議な木のトンネルが続いています。

メイが2匹を追いかけていくと大くすのところに出ました。2匹が入っていった大くすの穴の中をのぞくと、ドングリが落ちているのに気がつきました。ドングリを取ろうと手を伸ばしたメイは穴の中に落ちてしまいます。大くすの底には大きな生き物が寝ていて、メイは生き物のお腹によじのぼっていきます。大きな生き物にメイが「あなたはだあれ」と聞くと「とーとーろー」と答えました。「あなたトトロっていうのね」メイは大きな生き物がトトロであると確信しました。あくびをするトトロ。メイも眠くなってきました。メイは安心しきってトトロのふわふわのあたたかなお腹の上で寝てしまいました。それは、あたかも、あたたかなおかあさんの胸に抱かれているような感じでした。

退行

メイがトトロに会ったのは、おかあさんのお見舞いに行った翌日でした。おかあさんにべったり甘えた後だけに、おかあさんがいない状況下に耐えられなくなっていました。

メイは、木のトンネルを通って大くすの穴に落ちました。これは**おかあさんの子宮へと退行するイメージと一致**します。メイは退行することで、トトロと出会うことができました。ふわふわのお腹のうえで眠ることで、おかあさんがいない寂しさを癒すことができました。

胎児にとっておかあさんの子宮のなかはあたたかで安全な居心地のよい世界です。

おかあさんの子宮のなかは、赤ちゃんにとってすべてをゆだねられる世界です。胎児が赤ちゃんへと成長していくために用意された不思議な世界なのです。受精卵が上手く子宮に着床すると生育がスタートします。受精卵には遺伝子の形で未来への設計図が準備されて

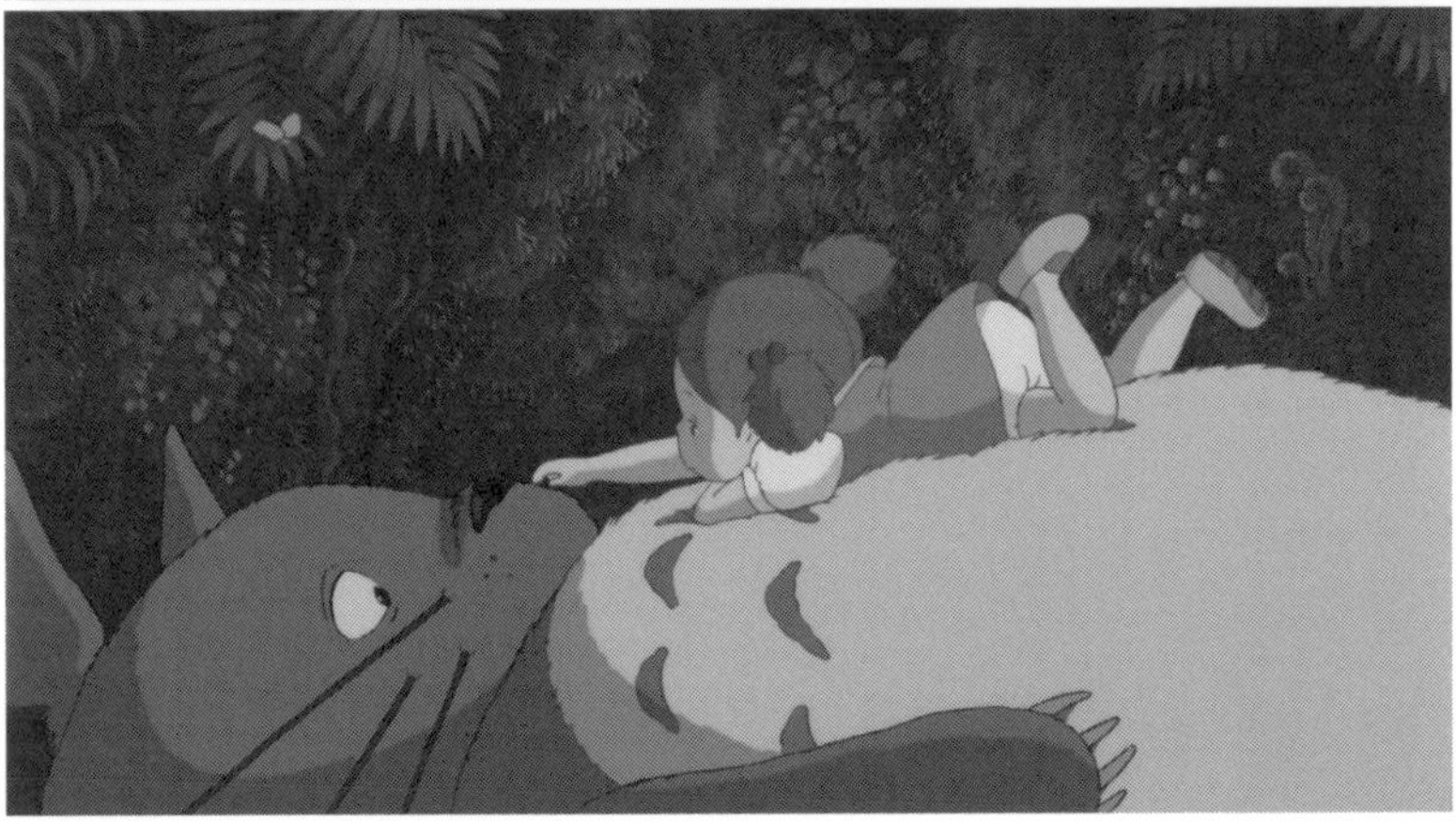

います。胎芽期、受精卵は卵から魚へ、そしては虫類、両生類、ほ乳類へと生命の進化の過程をたどります。そして胎児へと成長し、ひとりの赤ちゃんとしてこの世に誕生することになります。

精神科医の**神田橋條治**は、退行について次のように述べています。「症状のなかで特に大切なのは退行という状態です。退行とは進化の逆行という意味です。生物としての進化の逆行であり、人類としての文化発展の逆行であり、個人としての成長の逆行であり、学習経過の逆行であり、どれも一度退却して態勢を立て直す工夫なのです。」（『心身養生のコツ』32頁、2019文献（5））

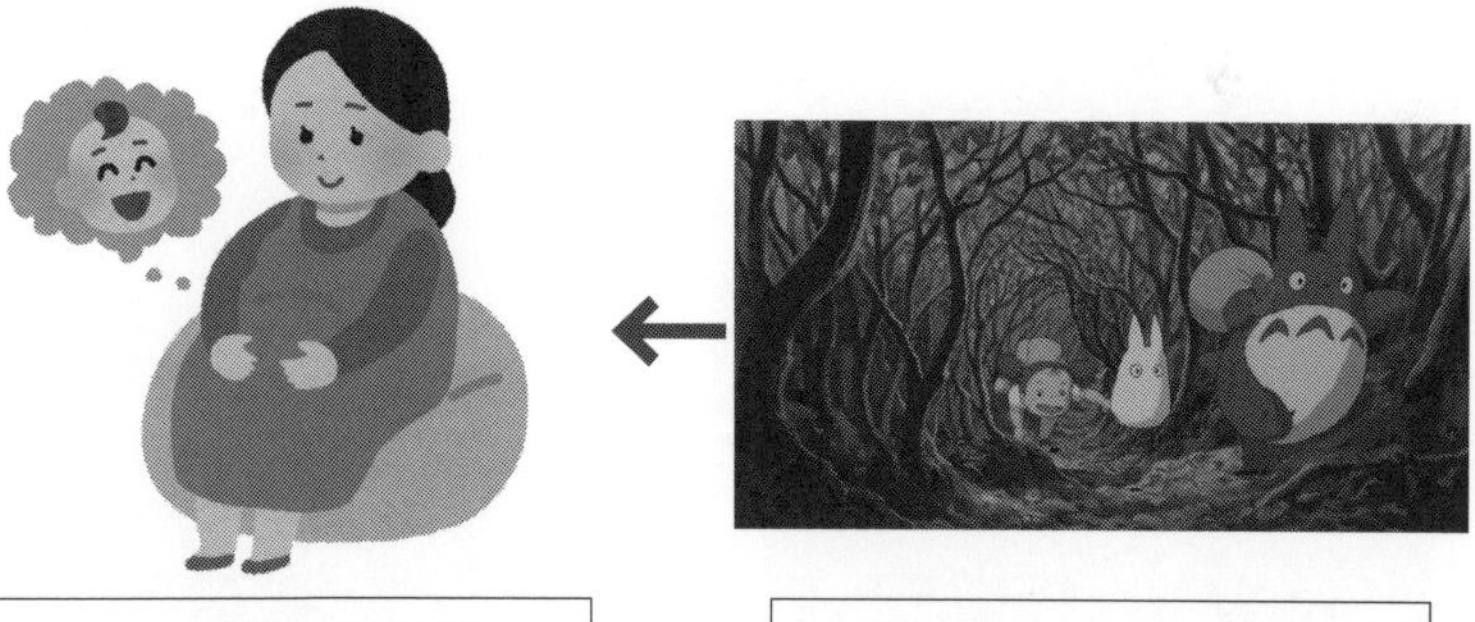

おかあさんの子宮の中の世界は、すべてをゆだねられる絶対的安心安全な世界です。

メイは木のトンネル（産道のイメージ）を通っておかあさんの子宮の中の世界へと戻る（退行する）ことができました。

図15 産道を通って子宮に戻る退行体験

2　ふしぎな森

サッキが小学校から帰ってきました。「じゃあね、あとでね」とサツキはお友だちのみっちゃんと遊ぶ約束をします。「ただいま」とサツキ。「おかえり」とお父さん。サツキが「メイは?」と聞くと、「あっこんな時間か、お弁当まだなんだ。メイ、庭で遊んでいないかい」とお父さんがこたえます。どうもお父さんは仕事に集中していたようです。

サツキが「メイ、メーイ」と庭に出て探していると、メイの麦わら帽子が茂みの入り口に落ちているのを見つけました。「お父さん、メイの帽子があった」とサツキ。茂みの中に入ってみると、木のトンネルが続いています。木のトンネルの途中にメイが横たわっているのが見えました。「メイ、メイ」と声をかけるサツキ。メイは目を覚ましません。「メイ、こら起きろ! こんなところで寝てちゃだめでしょ」と言うと、メイはねぼけまなこで「トトロは?」と聞きます。「トトロ?」「あれー、あれー」メイはキョロキョロ、トトロを探します。「夢見てたの?」とサツキが聞くと、「トトロいたんだよ」とメイ。「トトロって、絵本に出てたトロルのこと?」「うん」「トトロってちゃんと言ったもん。毛が生えて、こんな口してて、こんなのと、こんくらいのと、こーんなに大きいのが寝てた」とメイはジェスチャーを混ぜながら説明します。

そこにお父さんがようやく到着しました。「いた、いた。へーすごいね。秘密基地みたいだな」とお父さん。「お父さん、メイ、ここでトトロに会ったんだって」とサツキが言うと、メイが突然走り出しました。サツキも後を追いかけます。「こっち」メイが案内します。「ここ?」とサツキが聞くと「ううん」と首を横に振るメイ。「さっきは大きな木のところに行った。だけど1本道だったよ」3人は庭に出ました。

メイは再び茂みに入っていきます。「メイ、戻っておいで、メイったらー」とサツキが呼び止めるのも聞かずに走っていったと思ったら、突然、別の茂みのところから出てきました。「アハハハハ」とお父さんとサツキが笑います。「本当だもん、本当にトトロいたんだもん」とメイが泣き叫びます。「うそじゃないもん」

ふてくされるメイ。「うん、お父さんもサッキもメイが嘘つきだなんて思っていないよ。メイはきっとこの森の主に会ったんだ。それはとても運がいいことなんだよ。でも、いつも会えるとはかぎらない」とお父さんが説明してくれました。

むかしむかし、木と人は仲良しだった

「さあ、まだあいさつに行ってなかったね」とお父さん、「あいさつ?」とサツキが不思議そうな顔をします。「塚森へしゅっぱーつ」メイを肩ぐるまするお父さん。

サツキは先に立って大くすの森に入っていきます。「ああ、メイも重くなったなあ」階段をのぼるお父さん。「お父さん、あのくすの木、大きいね」

「あったー」とメイが大きな声を上げます。「あの木?」メイは大くすのところによじ登っていきます。

「お父さん、はやくはやく」

メイは、あの時落ちた穴がなくなっているのに気がつきました。

「あ、穴、なくなっちゃった」「本当にここ?」「うん」「穴が消えちゃったんだって」

それを聞いて、お父さんが、「ねえ、いつでも会えるわけじゃないんだよ」と言います。

「また会える? 私も会いたい」とサツキ。「そうだな、運がよければね。」

「りっぱな木だなあ。きっとずっとずっと昔からここに立っていたんだね。むかしむかし、木と人は仲良しだったんだ。お父さんは、この木を見て、あの家がとっても気にいったんだ。おかあさんもきっと好きになると思ってね」とお父さんがしみじみ言います。

「さあ、お礼を言って戻ろう。お弁当を食べなきゃ」「そうだ、みっちゃんちに行かないと」「メイも行く」「きよーつけー、メイがお世話になりました。これからもよろしくお願い致します」「お願い致します」

お父さんが先に走り始めます。お家まで競争です。「はやくー、あ、ずるーい」

「待ってー」麦わら帽子を落としてしまったメイがあとを追います。

サツキはおかあさんに手紙を書きました。

『お母さんお元気ですか。

今日はとてもすごいニュースがあるんです。
メイがおばけのトトロに会いました。
私は自分も会えたらいいなと思っています。』

夢とファンタジー

英国の小児科医で児童心理学者だったドナルド・**ウィニコット**（1896〜1971）は、赤ちゃんが**おかあさんを内在化していくのに必要なおかあさん代わり**のことを**移行対象《いこうたいしょう》**と呼びました。

移行対象には、ふわふわした感触のぬいぐるみや、毛布や、タオルなどが知られています。どれもふわふわした気持ちのよい感触が共通しています。アメリカ合衆国の漫画家チャールズ・M・シュルツの『ピーナッツ』の登場人物のひとりライナスはいつも毛布を持っていますが、彼の毛布もおかあさん代わりの移行対象と考えられます。トトロもサツキとメイにとって移行対象の役割を担っていたことは確かなようです。

メイとサツキがおかあさん代わりのトトロに出会えたのは、姉妹が絵本のなかで、あらかじめファンタジーの世界の生き物に出会っていたことが大きく影響しています。
　絵本の読み聞かせが子どものこころの育ちにとってよい理由は、肌の触れ合いを通しての抱えのみならず、ことばのひびきを通じた**ファンタジーの共有**があるからです。

　オーストリアの精神医学者**フロイト**とその弟子だったスイスの心理学者**ユングは夢の研究者**としても有名です。
　フロイトは、日常生活において無意識に抑圧されている欲求と夢との関係を分析することで、人間の心理を解き明かそうとしました。（『夢判断』ジグムント・フロイト著、高橋義孝ら訳、日本教文社　1994文献（8））
　一方、ユングは、夢を無意識、特に集合的無意識あるいは元型から意識に向けてのメッセージであると捉えました。そのメッセージをセラピストが抱え、必要に応じてクライエントと共有するなどして、クライエントが夢からのメッセージを受け取り意識化していく一連の作業のことを**夢分析**と呼びました。（『ユング夢分析論』カール・グスタフ・ユング著、横山博ら訳、みすず書房、2016文献（17））
　子どもであれば誰もが夢やファンタジーの世界を生きられるわけではありません。これは、『となりのトトロ』の登場人物のなかで、**トトロに出会えたのがサツキとメイの二人だけ**だったことからも推察できます。
　サツキとメイは母親不在の家庭で生活しているので、おかあさんを希求する思いが強く、おかあさん代わりを必要としていました。夢やファンタジーの世界でおかあさん代わりに出会い甘えることで、母親不在の現実との折り合いがつけられていたように思われます。

図16 移行対象

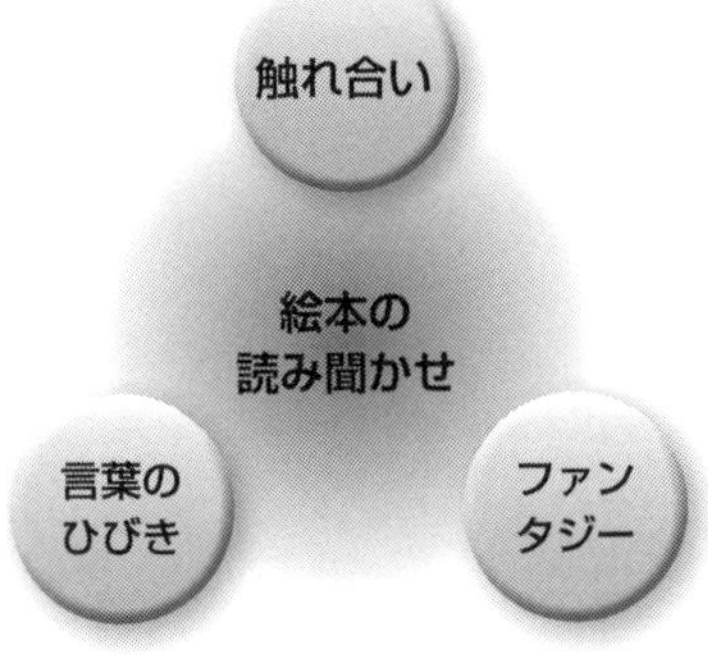

図 17 絵本の読み聞かせがもたらす効果

3 サツキ、トトロに会う

今日は、お父さんが大学に行く日です。お父さんは、朝早くバスに乗って東京へ向かいました。サツキはとなりのおばあちゃんにメイを預けてから小学校に向かう予定です。メイはサツキにバイバイをしておばあちゃんとお見送りです。

5年生の国語の時間、サツキがふと校庭のほうを見ると、正門のところにメイがとなりのおばあちゃんと立っているのに気がつきました。「先生、あのー、妹が」、校門へと走っていくサツキ。教室の子どもたちが窓のところに集まります。「おばあちゃん、メイ」とサツキ。「ごめんなー、お姉ちゃんのとこ行くってきかないもんだから」とおばあちゃんが申し訳なさそうに言います。「メイ、今日はお父さんが大学に行く日だからおばあちゃん家でいい子で待ってるって約束したでしょ」とサツキ。「ずっといい子にしてたんだよねー」とおばあちゃん。「私はまだ2時間あるし、おばあちゃんだって忙しいのに」とサツキが言うと、メイはサツキに抱きついたままはなれようとしません。「おばあちゃん、先生に話してくる」とサツキはメイを連れて教室に戻ることにしました。

担任の先生は、子どもたちに向かって、「さつきさんの家はおかあさんが入院していて大変なんです。みなさん、仲良くできますね」とメイが一緒に勉強することを許してくれました。「はーい」と子どもたちはワクワクしてこたえます。メイは先生が用意してく

れた画用紙にトトロの絵を描きます。「トトロだよ」「シー、おとなしくしていないとだめでしょ」とサツキに注意されます。メイは泣いていたのがウソのように元気になりました。

下校の時間になりました。サツキはメイを連れて帰路につきます。空はどんよりと重い雲におおわれ今にも雨が降り出しそうです。

「メイ、急いで、雨降るよ」傘を持たずに登校してしまったサツキは、雨が降り始める前に家に着きたいと思いましたが、ザーと音をたてて雨が降り始めてしまいました。「あー、降ってきた」走り始めるサツキ。メイがどろんこ道でころんでしまいます。「メイ、泣かないよ。えらい？」

「でも困ったね。お地蔵さま、ちょっと雨宿りさせてください」

サツキは汚れたメイの顔をハンカチで拭いてあげて、お地蔵様のところで雨宿りです。

サツキとメイが雨宿りしている前を、カンタが黒いボロ傘をさして通り過ぎました。カンタは、一度は通り過ぎましたが、突然向きをかえてサツキに向かって

「うん」と傘を差しだしました。「でも」と遠慮するサツキ。カンタは開いたままの傘を置いて走っていってしまいました。カンタの傘をさして歩き始める二人。「おねえちゃん、よかったね」とメイ。「うん」とうなずくサツキ。「傘、穴あいてるね」サツキとメイは、カンタのおかげでずぶぬれにならずに家に帰ることができました。

カンタの傘

　家に戻っておやつにします。「お父さん、傘持っていかなかったね」サツキはお父さんが傘を持たずに出かけたことを思い出しました。「メイもお迎え行く」サツキとメイは、稲荷前のバス停までお父さんを迎えに傘を持っていくことにしました。

　カンタの傘を返しに隣の家に寄ります。カンタの母親は、傘を持たずに帰ってきたカンタに向かって傘の所在を聞いています。カンタは「だから忘れたの」と言いますが、信じてもらえません。「雨が降っているなか傘を忘れるバカがどこにいるの」とコツンとされてしまいました。「イテー、ちがわい」とカンタは反論しますが、「どうせ、振り回して壊しちゃったんだよ」とカンタの母親はゆずりません。

　そこにサツキとメイが「ごめんください」と入ってきました。

「あら、サツキさん、メイちゃんも」とカンタの母親は土間の電気をつけておばあちゃんを呼びます。

「きょうはスミマセンでした」

「こっちこそ、お役にたてなくてねー」

「あのー、この傘、カンタさんが貸してくれたんです」

「あの子が？　いやだよーこんなボロ傘」

「メイもいたからとても助かったの。でもカンタさんがぬれちゃって。ありがとうございました」

「いいのよ、いつだって泥だらけなんだから。ちっとはきれいになるでしょう。お父さんを迎えに行くの？」

うなずくサツキに向かって「えー、えらいね」とカンタの母親が褒めます。

　家の奥では、カンタが意気揚々と模型の飛行機を「ブーン」と言いながら飛ばしています。「誰かきたんけ」と聞くおばあちゃんに対し、「知らねえ」と嬉しそうにこたえるカンタでした。

トトロとネコバス

バス停にバスが到着しました。「あ、ちょうど来たよ」とサツキがメイに言います。降りる人たちの中にお父さんを探しますが、お父さんはいません。

「乗りますか?」車掌さんに聞かれて首を横に振るサツキ。

「はっしゃ、オーライ」バスは行ってしまいました。

「お父さん、乗ってないね」とメイ。「きっと次のバスなんだよ。メイはおばあちゃんちで待ってる?」メイは首を横に振ります。

サツキはメイと一緒に次のバスを待つことにしました。

雨が降る中をメイは水たまりで遊びます。あたりは薄暗くなってきました。お稲荷さんの狐の姿が不気味でメイは思わずサツキにしがみつきます。街灯がついて、停留所の一部分だけが明るくなりました。メイがこっくりこっくりし始めました。

「メイ、ねむいの? だから言ったのに。今からおばあちゃんち行く?」とサツキが聞くと、メイは首を横に振ります。

「もうすぐだからがんばりな。バス遅いね」メイがコクンコクンし始めました。「ほら」サツキがメイをおんぶします。

そこに足音が近づいてきてメイを負ぶうサツキの横に毛むくじゃらの大きな生き物が並んで立ちました。

「トトロ?」生き物は目を下に向けます。頭の上に大きな葉っぱを乗せている不思議な生き物です。トトロが傘をもっていないことに気がついたサツキが「あっ、待っててね」とお父さんの傘を開いて「貸してあげる」と差し出しました。トトロは傘を見るのが初めてのようで、どう使ったらいいのかわからないようです。サツキが傘のさし方を教えてあげました。

葉っぱから雨粒がトトロの傘にポトリと落ちました。たくさんの雨粒がポトポト音を立てて傘に落ちると、トトロはその音にうっとりしています。何を思ったのか、突然トトロが大きくジャンプしました。木々の葉っぱにたまっていた雨粒が滝のようにザーとものすごい音をたてながら傘に落ちてきました。トトロは

塚森

歓喜の声をあげます。その声に応えるかのように遠くのほうからヘッドライトが近づいてきました。「バスが来た」と思ったら、それはおばけねこのバスでした。

メイとサツキが見守るなか、ネコバスは傘をさしたままのトトロを乗せて走り去っていきました。「トトロ、お父さんの傘もっていっちゃった」とサツキ。その後、すぐにほんもののバスが到着しました。バスの中からお父さんが降りてきます。「やあ、すまん、すまん。電車が遅れてね、バスにまにあわなかったんだ。心配したかい」サツキとメイはお父さんにしがみついて、「でたの、お父さん、でたでた」「ネコのバス」「すごく大きいの」「こーんな目してるの」「こわーい」「会っちゃった、トトロに会っちゃった。すてきー、こわーい」とウキウキしながら報告しました。

お父さんの両腕にぶら下がりながら、サツキとメイはお家に帰りました。

サツキはおかあさんに手紙を書きました。

『とても不思議で不気味で楽しい1日でした。トトロから笹の葉でくるんで竜のひげでしばってある包みをもらったの。

うちに帰ってからあけてみたら中から木の実が。

お家の庭が森になったらステキなので、木の実は庭にまくことにしました。

芽がなかなか出ないので、メイはまだ出ないまだ出ないと言っています。

もうすぐ夏休みです。早く元気になってください。

おかあさま　サツキ』

子どもの発達

5年生の教室でサツキの隣に座ってメイがトトロの絵を描いています。

心理療法のひとつに**描画療法**というものがあります。自由に絵を描くことで気持ちを表現し伝える心理療法です。

メイがトトロを描いたことで、トトロが絵で表現されて、周囲の人達にも自分自身にも伝えられる存在に変化しました。

このことは、その後サツキがトトロと出会う助けになりましたし、周囲の子どもたちにもトトロの存在を伝える機会になりました。

メイとサツキが二人とも同じ夢を見たり、二人同時にトトロやネコバスに出会ったりするのは、この時メイが描いたトトロの絵も深く関係していることが考えられます。

シンクロニシティ（共時性）「意味ある偶然の一致」というユングが提唱した現象がありますが、二人の経験はそれに近いものだったのかもしれません。

子どもの精神発達には、**認識の発達と関係の発達の両輪**が関係しています。

それは、人間が社会で生きる実存だからです。

これまで多くの心理学者が人間の発達について研究してきているので、ここで少し触れておきましょう。

子どもの認知の発達に関しては、スイスの心理学者**ジャン・ピアジェ**（1896~1980）の理論が知られています。ピアジェは、子どもの発達は生体が環境を取り入れて、既存の認知構造を改変し調節することで、生体と環境の均衡化を図ることによって成し遂げられる過程であると考えました。ピアジェの認知発達理論によれば、子どもの認知の発達は、表1のように一定の普遍的段階に沿って行なわれるとされています。

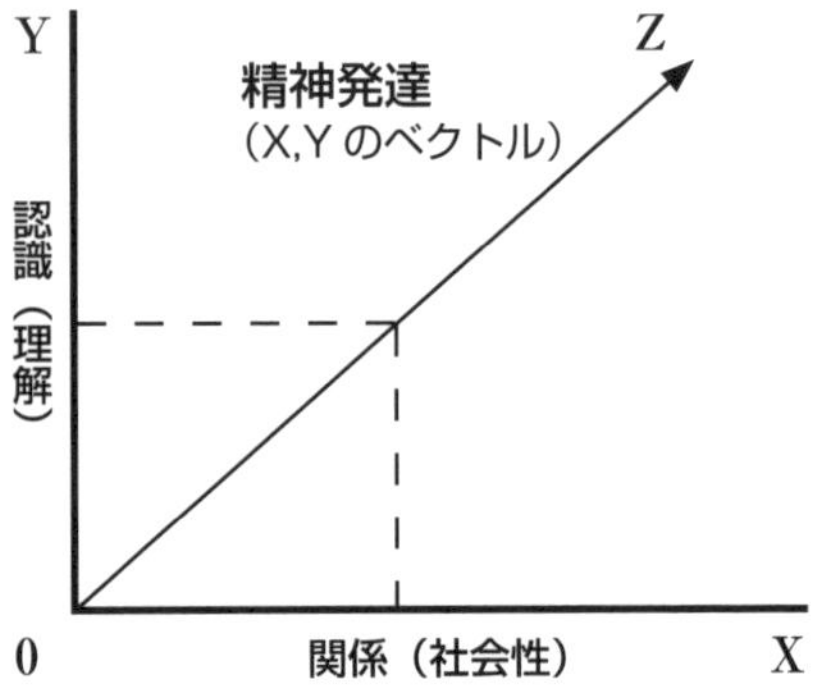

図18 子どもの精神発達（2015 滝川）

認知様式	特徴	年齢
感覚運動	感覚の働きと運動的活動を通して世界を知っていくが、象徴活動がわずかで、現前を超えるには限界がある	0歳〜2歳
前操作	表象(イメージやことば)の働きにより、「いま・ここ」を超えた世界が広がるが、論理的に考えるのが困難	2歳〜6、7歳
具体的操作	具体的対象に関して、論理的な思考ができる。見かけに捉われず、他者の視点に立って考えられる。	7歳〜11、12歳
形式的・抽象的操作	具体的でない抽象的対象について考えることができる。多くの考えを統合した思考のシステムが形成される	12歳〜成人

表1　ピアジェの認知発達段階

ソビエト連邦の心理学者レフ・**ヴィゴツキー**（１８９６〜１９３４）は、子どもの発達には、独力でやり遂げることのできる「今現在の発達水準」と、大人や仲間が、教示、誘導的質問、解答のヒントなどを与えることを通じて協同で達成できる「潜在的発達可能水準」があり、その**水準の差が最近接発達領域**であるとしました。

アメリカ合衆国の心理学者**エリク・エリクソン**（１９０２〜９４）においては、人の自己受容、自己尊重（自身を肯定的に受容できること）の根が、乳幼児期の他者、特に母親からの受容（かけがえのないものとして愛され全面的に受けとめられた経験）にあるとし、原初的な自己についての感情的心理的認識の大切さを強調しました。

表2はエリクソンの発達図式です。エリクソンは、乳児期から老年期に至る**8つのライフサイクルの各時期にそれぞれの危機**があるとしました。

発達段階	心理・社会的危機	重要な関係の範囲	中核的病理
Ⅰ 乳児期	基本的信頼　対 基本的不信	母親的人物	引きこもり
Ⅱ 幼児期初期	自律性　対　恥、疑惑	親的人物	強迫
Ⅲ 遊戯期	自主性　対　罪悪感	基本家族	制止
Ⅳ 学童期	勤勉性　対　劣等感	近隣、学校	不活発
Ⅴ 青年期	同一性　対 同一性の混乱	仲間集団と外集団 リーダーシップの諸モデル	役割拒否
Ⅵ 前成人期	親密　対　孤立	友情、性愛、競争、協力の 関係におけるパートナー	排他性
Ⅶ 成人期	生殖性　対　停滞性	(分担する)労働と (共有する)家庭	拒否性
Ⅷ 老年期	統合　対　絶望	人類、私の種族	侮辱

表２　エリクソンの発達図式

（１）**乳児期**は、「基本的信頼」対「不信感」の危機です。母子関係を通じて身体の安全と基本的な信頼感が獲得されます。

（２）**幼児期初期**は、「自律性」対「恥・疑惑」の危機です。ちょうどメイの年齢の子どもたちに当てはまる時期です。周囲の環境と自己統制との関連の中で、羞恥心や自己の評価に対する疑惑が生じる一方、しつけを通して自律性が芽生えます。

（３）**遊戯期**は、「自主性」対「罪悪感」の危機です。幼児期後期において、自主性・積極性の獲得と罪悪感の克服が家族関係の中でなされます。

（４）**学童期**は、「勤勉性」対「劣等感」の危機です。サツキの年齢が学童期にあてはまります。児童期において、勤勉感の獲得と劣等感の克服が学校や近隣関係の中でなされます。

（５）**青年期**は、「自己同一性（アイデンティティ）の達成」対「自己同一性の混乱」の危機です。自己同一性の獲得と役割の混乱が見られます。

（６）**前成人期**は、「親密性」対「孤立」の危機です。友情、性愛、競争や協力によって、自分を他人の中に見失い、また発見することによって、親密感の確立と孤立感の克服がなされます。

（7）成人期は、「生殖性」対「停滞性」の危機です。次の世代を生み育て、世話をし、導くといった生産性・生殖性（次世代継承性）の確立と停滞感の回避が生じます。

（8）老年期は、「統合性」対「絶望」の危機です。あるがままに世界と自己を受け入れ、自己と人間としての英知を獲得し、自己融合感の確立と絶望感の回避がなされます。

サツキがトトロに会えた理由

それではここで、メイに続いてサツキがトトロに会えたのはなぜなのか、その理由について考えてみたいと思います。

これまでメイの前にしか現れなかったトトロがサツキの前にも現れたのは、**サツキに退行する必要が生じたから**ではないかと思われます。

妹の世話をしながら、おかあさん代わりを続けてきたサツキ。本来であれば、おかあさんに話を聴いてもらったり、一緒にお風呂に入ったりして、日常の不安を受けとめてもらう必要がある年齢ですが、それがかなわないまま母親の役割を一生懸命担ってきました。

雨が降り続く薄気味悪いバス停に、4歳の妹を負ぶってひとり立ち続けるサツキ。このような状況下では、10歳くらいの女の子であれば、不安で胸がはちきれそうになるのがふつうです。

私たちが**大災害の後など**に涙もろくなったり、ひとりで寝られなくなったりするのも同じ理由からです。人間は、不安になった時に退行し、信頼できる人に甘えて不安を一緒に抱えてもらうことで元気になることができるからです。

サツキの前にトトロが現れたのもそういった理由からだったと考えられます。

サツキの横にトトロが並んで立ってくれたおかげで、サツキの気持ちは楽になりました。大きなトトロがお父さんの傘をさして、雨粒を落とす遊びをしてくれた時などは、驚きと同時にワクワク感がもたらされたはずです。ネコバスの登場も不安を吹っ飛ばす大きな力になりました。トトロがくれた木の実のおみやげは、ファンタジーと現実とをつなぐ実体になりました。

お父さんが乗ったバスが到着した時には、サツキの不安はすっかり解消していました。

図19は、**愛着形成図式**です。**子どもがおかあさんを内在化**できるようになれば、お留守番がひとりでできるようになります。ぬいぐるみやタオルのようなふわふわしたものやゆびしゃぶりなどおかあさん代わりを必要とするのが移行対象期にあたります。

次に図19について説明します。

(1) 胎児期：胎児は母親と一心同体で生きている。その命は、すべて母親に委ねられている。

(2) 出生期：赤ちゃんは産道を通って、子宮内から外界へと生まれ出る。胎盤を通じての臍帯呼吸から肺呼吸に変化させて、母親の胎盤から切り離されて生きていくことになる。

(3) 自他未分化期：赤ちゃんは養育者に抱っこしてもらい、おっぱいを飲ませてもらって、養育者と一体化した状態で生きている。

(4) 共感期：赤ちゃんと養育者とが同じ対象を見たり、聞いたり、味わったり、触ったりすることで、共感しあえるようになる。

(5) 自他分化期：養育者との間に愛着の絆ができると、見知らぬ人と養育者とを区別するようになり、養育者以外の人に不安を覚え、養育者に安心を覚えるようになる。

(6) 後追い期：養育者に急にまとわりつくようになり、後追いが始まる。

(7) 移行対象期：赤ちゃんは言葉によって養育者に甘えることが可能になる。養育者の膝を基地にして、次第に行動範囲を広げていき、移行対象が養育者代わりとなって養育者がいなくても大丈夫になる。

(8) 内在化期：養育者が内在化されて、ひとりで過ごすことが可能になる。

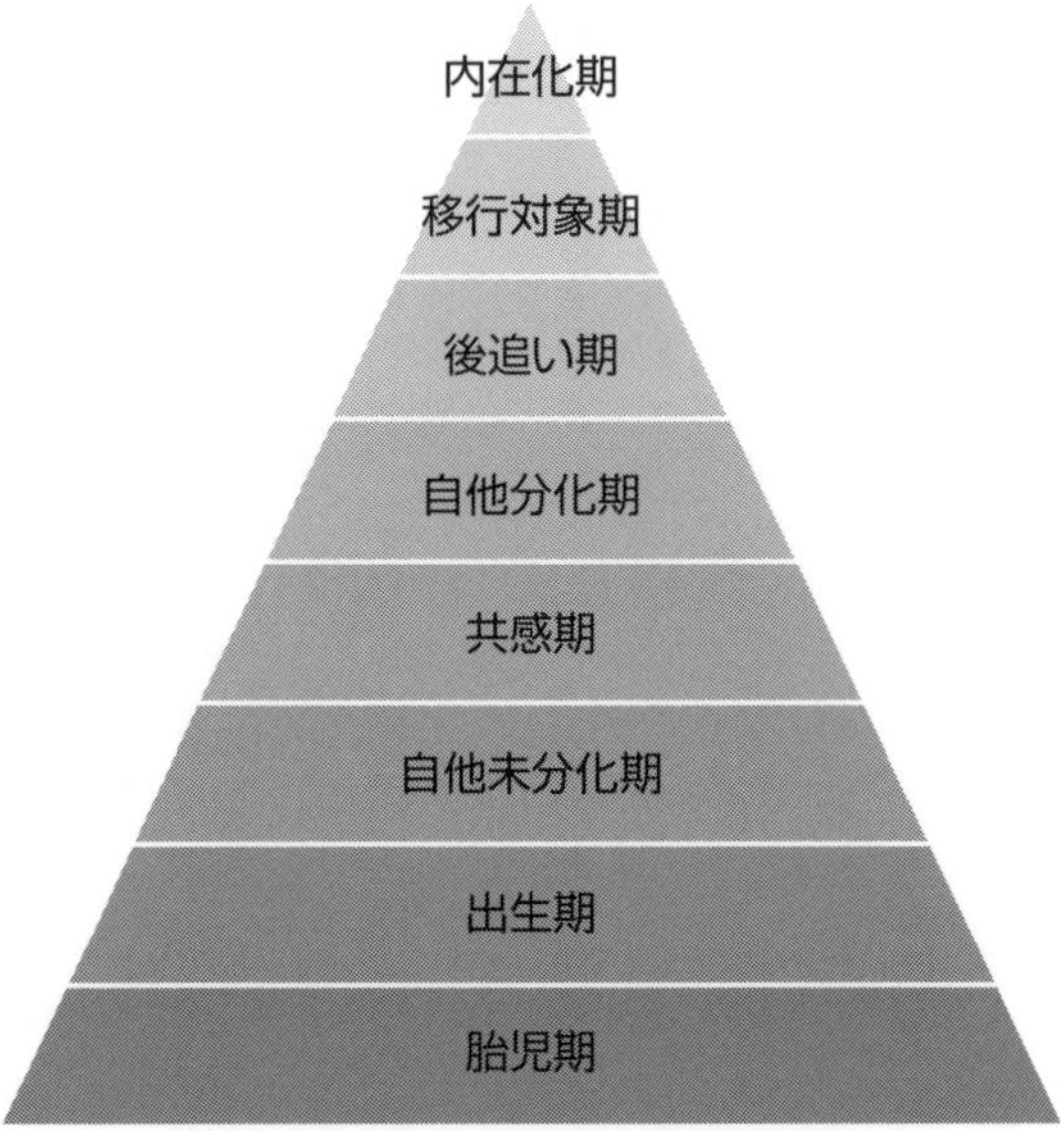

図 19　愛着形成図式（愛甲 2017）

第9章 ふしぎな夜

おまじない

蚊帳《かや》をはるおとうさん。蚊帳のなかで布団に入ったメイが、「お父さん、あした芽出るかな」と聞きます。「そうだな、トトロなら知っているんだろうけどな」とお父さんがこたえてくれました。

「おやすみ」

梅雨がすっかりあけた月夜の晩。夜中に目を覚ましたサツキは庭でなにかが動いているのに気がつきます。大きなトトロと中くらいのトトロと小さいトトロが木の実を埋めたあたりをとんだりおがんだりしながら跳ねまわっているのです。

サツキはメイを起こして、パジャマのまま庭に出ました。トトロたちの後に続いて、いっしょに拝んだり、背伸びをしたりして、「大きくなあれ」のおまじないをします。

大きくなあれ

ググッと全身にこめた力をパアッと天に向かって開放すると、木がどんどん大きくなっていきます。「大きくなあれ」のおまじないで、木の芽がぐんぐん伸びて、屋根よりも高い大きな木になりました。「やったー、やったー」サツキとメイは大喜びです。

トトロが巨大なコマを回します。コマの上に乗るトトロ。その胸に小さいトトロ、中くらいのトトロが飛びつきました。メイもトトロの胸に飛びつきます。トトロがコマに乗って空中に浮かぶと、トトロの気持ちを察したサツキもトトロの胸に飛びつきました。トトロは今生えたばかりの木のてっぺんまで一気に上がると、子どもたちを胸に抱えたまま、田んぼや畑や森の

上をコマに乗って風のように飛んでいきます。「メイ、私たち風になってる」とサッキが言います。

トトロが大くすのてっぺんにみんなを連れて行ってくれたので、全員でオカリナを吹きました。仕事をしているお父さんの耳にも気持ちよい森の調べが聞こえてきます。

翌朝、目をさましたサツキとメイは、一番に庭を見ました。夢に出てきた大きな木はありませんでしたが、木の実を埋めた畑を見てビックリ仰天です。

トトロからもらった木の実が芽を出していたのです。「やったー、**夢だけど、夢じゃなかった**」「やったー、夢だけど、夢じゃなかった」

もうすぐ夏休みです。

おまじない

みなさんが幼い頃、転んだ時に「いたいの、いたいの、とんでけー」と親御さんから痛いところをさすってもらった記憶はありませんか？　その時のことを思い出すだけで、なんとなくホンワカとあたたかな気持ちになるのではなぜでしょうか。

おまじないは、太古の昔から存在する人類に共通した祈りです。

「まじなう」の意味を調べてみると、①神仏または神秘的威力によって災禍を免れたり、起こしたりすることを祈る、②病気を治療する。（広辞苑第三版　岩波書店）とあります。

世界には三大宗教と呼ばれる、キリスト教、イスラム教、仏教がありますが、それぞれの宗教に共通しているのが祈りです。祈ることで、人々は救われてきました。

「大きくなあれ」のおまじないには、木の実が芽を出して大きく成長してほしいという祈りとともに、子どもたちにしっかり元気に成長してほしいという祈りがこめられています。

図6ユングの心の世界のところでも触れましたが、世界にはたくさんのおまじないが存在しています。どのおまじないをとっても、人々の祈りの気持ちが込められている点が共通しています。

祈禱師は医者でもあるわけですが、祈禱師の祈りによって病気の治療がおこなわれます。これらおまじないのおかげで、豊作になったり、海が静まったり、雨が降ったり、痛みがなくなったり、試験に合格したり、いろいろなご利益があるわけですね。

みんなで吹いたオカリナは、古代マヤ文明でも使われていた楽器だそうです。太古の昔からトトロたちが吹いてきたオカリナのしらべは、私たちのこころをおだやかにしてくれる不思議な力を持っているようです。

第10章

自然治癒力

トウモロコシ

郵便屋さんが「草壁さん、電報ですよ」とサツキとメイの家にやってきましたが、留守のようです。

真夏の太陽のもと、サツキとメイは、となりのおばあちゃんの畑で夏やさいのとりいれのお手伝いをしていました。トマト、きゅうり、なす、インゲン、トウモロコシとどれもおいしそうに実っています。

「おばあちゃーん」トウモロコシ畑のなかでメイがおばあちゃんを呼ぶと、「こっちだよー」とおばあちゃんが返事をします。おばあちゃんの畑は熟した野菜でいっぱい。「これなら食べごろだ」メイのためにおばあちゃんが熟れたトウモロコシを採ってくれました。「おばあちゃん、これは？」サツキが聞きます。「いいよ」サツキも熟れたトウモロコシを採りました。「おばあちゃんの畑って宝の山みたいね」「ハハハハ、さあ、ひとやすみ、ひとやすみ」かごにいっぱいのトマトやきゅうりが湧き水で冷えています。

「いただきまーす」きゅうりをおいしそうに食べる二人。「おいしい」と満足そうです。「そうかい、お天道様いっぱい浴びてっから、体にもいいんだ」「おかあさんの病気にも？」「もちろんさ、ばあちゃんの畑のもん食べりゃ、すごーく元気になっちゃうよ」とおばあちゃん。

「今度の土曜日、おかあさん帰ってくるの」とサツキ。「メイのお布団で一緒に寝るんだよ」とメイ。「そうかい、いよいよ退院か」とおばあちゃん。「ううん、まだ本当の退院じゃなくて、月曜日には病院へもどるの。少しずつ慣らすんだって」「そうかい、じゃ、どんどん食べてもらわなくっちゃ」とおばあちゃんがこたえます。「メイのとったトウモロコシおかあさんにあげるの」とメイはトウモロコシをおかあさんにあげるの

を楽しみにしています。「おかあさん、きっと喜ぶよ」とおばあちゃん。「うん」とメイはうれしそうです。

自然治癒力

神田橋條治は、養生のことを「受精から終末までのいのちが設計図の準備の通りに進むように心を配ること」と説明します。また、自然治癒力を「生命体の多くの場合、治る力をもっています。これを自然治癒力といいます。そして、病気が治るのも実のところ、自然治癒力の働きであり、医師が行う治療は、自然治癒力が働きやすいように状況を整えているだけなのです」と述べています（『心身養生のコツ』岩崎学術出版２０１９）。

草壁家が松郷に引っ越してきたのも、おかあさんが退院後に空気のよい環境で生活することで肺の病気が完治することを目指してのことだったわけですから、結果的には、おかあさんの自然治癒力を高めることへとつながっていくはずです。おばあちゃんの畑の新鮮な野菜を食べればおかあさんの病気が良くなるというのも実は正しいわけですね。新鮮な野菜を食べることで免疫力が高くなって元気になることが期待できるからです。

第11章

電報

こころの傷と回復

カンタが手に何かをもって走ってきました。「電報、留守だから預かった」とカンタ。「私んち?」とサツキ。「おばあちゃん、お父さん夕方まで帰らないの」と心配そうにサツキがおばあちゃんに言います。「開けてみな、急ぎだといけないから」そこでサツキは電報を開けました。

そこには「レンラクコウ　シチコクヤマ」と書かれてあります。「七国山病院、おかあさんの病院だわ。おかあさんに何かあったんだ。おばあちゃん、どうしよう。連絡しろって」おばあちゃんは、動揺するサツキの肩を抱えて、「落ち着いて、落ち着いて、お父さんの居場所わかんのか?」と聞きます。

「研究室の番号は知ってるけど、でも電話がないの」と不安ではち切れそうなサツキ。

「カンタ、本家へ連れて行ってあげな。電話貸してもらえ」とおばあちゃんはカンタにサツキを案内するよう伝えます。「うん」カンタとサツキは本家に向かって走り出しました。メイもトウモロコシを抱えて後を追います。

「メイちゃんは、ここにいなー」とおばあちゃんが呼びますがメイは聞きません。カンタとサツキは本家のなかへと入っていきました。メイは途中ころんでも泣きません。いつものメイなら泣いていたはずですが、いちだいじの今、泣いてなんかいられません。

その後メイは二人を見失い、山羊と出会います。「ダメだよ、これはおかあさんのトウモロコシだよ」と言ってトウモロコシを山羊からしっかり守りました。

電話を借りてかけるサツキ。「もしもし考古学教室ですか。父を、草壁をお願いします。私、草壁サツキです」と伝えるとお父さんが出ました。「あ、お父さん、私、サツキ」サツキはお父さんに七国山病院から電報が来たことを伝えます。「今すぐ病院に電話してみるよ」とお父さんはサツキに約束してくれました。

お父さんからおかあさんの仮退院が延びることになったと告げられ、サツキはおかあさんが死んでしまうのではないかといった不安でいっぱいになりました。本家から出てきた二人をメイが見つけ合流します。うつむいたままサツキが「メイ、おかあさんの体の具合が悪いんだって、だから今日帰ってくるの延ばすって」と告げると、「やだー」とメイは駄々をこねます。

「仕方ないじゃない。無理して病気が重くなったら困るでしょ」とサツキ。

「やだー」とメイ。「メイ、ちょっと延ばすだけだから」

「やだー」

「じゃあ、おかあさんが死んじゃってもいいのね」「やだー」

「メイのバカ、もう知らない」とうとうサツキの堪忍袋の緒が切れました。「おねえちゃんのばかー」涙でぐちょぐちょになって大泣きするメイ。

家に戻ってから死んだように横たわる二人。となりのおばあちゃんが「そろそろ洗濯物をしまわねーと」と来てくれました。

「そんなに気をおとさんでー、ばあちゃんが手伝いに来てやったから元気だしなー」と声をかけてくれますが、サツキは座ったままです。

おばあちゃんはお米をとぎながら「お父さんは病院に寄ると言ってんですよ。おかあさん風邪だっていうんだから、次の土曜には戻ってくるよー」と元気づけようとしてくれますが、サツキとメイは動きません。

家の中はシーンと静まりかえっています。ようやくサツキが立ち上がって、庭にいるおばあちゃんのそばに来て話し始めました。

「この前もそうだったの、ほんのちょっと入院するだけだって、風邪みたいなものだって。おかあさん、死んじゃったらどうしよう」とサツキ。

「サツキちゃん」とおばあちゃんが慰めます。「もしかしたらおかあさん……」とサツキは泣きじゃくり始めました。

「大丈夫、大丈夫、こんなかわいい子たちを置いてどこのだれが死ぬか」と泣き続けるサツキをおばあちゃんが抱きしめてくれます。

「お父さんが戻るまでばあちゃんがいてやっから」これまで気丈に頑張ってきたサツキでしたが、とうとうがまんの皮が破けてしまいました。

こころの傷と回復

ブッダは、**生老病死**（生きること、老いること、病を患うこと、死ぬこと）は生きる者にとって避けられない苦しみであると説きました。

人生の四苦のなかのひとつ、**「死」は誰もが避けることのできない宿命**です。

サツキとメイにとって世界中で一番大切なおかあさんがもし死んでしまったりしたら、二人とも生きる気力を失ってしまうにちがいありません。

七国山病院からの電報は、サツキにとっておかあさんの「死」を意味しました。

フランスの哲学者ウラジミール・**ジャンケレビッチ**（1903~85）は、「死」について考察し、三人称の「死」は赤の他人の死、二人称の「死」は身内の死、一人称の「死」は己の死であると述べています。

おかあさんの「死」は二人称の死にあたります。これまで、メイのおかあさん代わりをこなしてきたサツキでしたが、おかあさんが死んでしまったらと考えると、おかあさん代わりができなくなってしまいました。

神田橋は、**トラウマ**について次のように述べています。「いのちにとって好ましくない影響を及ぼすときその記憶は『トラウマ』と呼ばれます。構造が単純なトラウマは、自然災害や戦争や事故などに関係したものです。酷くなったものは『心的外傷ストレス障害』と呼ばれますが、本質的には万人が抱えています」（『心身養生のコツ』163頁　岩崎学術出版）

サツキは七国山病院からきた電報によってこころの傷を負いましたが、次章「迷子になったメイ」で述べるように、メイが行方不明になったことで、おかあさんの「死」の恐怖が、メイの「死」の恐怖へと移ることになります。

ただし、ここでお伝えしておかなければならないことは、サツキの負ったトラウマがその後に影響を与えるほどのものではなかったということです。サツキを支えてくれる人たちがいたこと、ファンタジーを共有することができていたこと、おかあさんの病気がたんなる風邪であったこと、メイが見つかったこと、おかあさんが退院してきたこと、おかあさんにしっかり甘えられるようになったことが大きかったわけですね。仮におかあさんやメイが亡くなっていたとしたら、サツキの心の傷は深いものになっていたはずです。

トラウマの治療法

これまでのトラウマの治療には、「時がくすり」と言われるように長い時間が必要とされてきました。近年さまざまなトラウマ治療の方法が発見されてきており、長い時間をかけずとも治療が可能となってきています。

アメリカ合衆国の心理学者フランシーン・**シャピロ**（1948～2019）によって創始された眼球の動きを利用したEMDR、アメリカ合衆国の心理学者**ロジャー・キャラハン**（1925～2013）によって創始された思考場療法、アメリカ合衆国の心理学者**ピーター・ラヴィーン**（生没年不明）によるソマテック・エクスペリエンス、認知行動療法の系列を汲む暴露療法などが知られています。

複雑性ＰＴＳＤ（複雑性トラウマ）は、**児童虐待やＤＶ被害者**などが抱える心的外傷のことで、その根っこは、日常の安心・安全の欠如にあります。ＰＴＳＤ治療のほとんどすべてが身体治療である理由は、図20でもわかるように、トラウマが言語の届かない海馬や視床下部など爬虫類脳に記憶されるからです。

図20 トラウマによるフラッシュバック図式

第12章 迷子になったメイ

4歳児の自立

ひとりでサンダルを履くメイ。

トウモロコシを抱えてどこかへ走っていきます。

どこに行くのでしょうか。


家の中にメイがいないのに気がついて、サツキとおばあちゃんはメイを探し始めます。「メイちゃーん」「メーイ」周囲ではヒグラシが鳴いています。夕暮れが近づいてきたようです。「メイ、戻ってきた？ バス停にもいなかったけど」とサツキ。「おかしいな、どこさ行っちゃったもんだか」とおばあちゃん。

「あの子、おかあさんの病院に行ったんじゃないかしら」とサツキは気がつきます。「見てくる」と走り出すサツキ。「カンタ、はやく、父ちゃんを呼んで来い。メイちゃんがいなくなっちゃったんだ」とおばあちゃんがカンタに告げます。「メイのばか、すぐ迷子になるくせに」と走り続けるサツキ。「メーイ」

畑で仕事をしている男性に「すいません、おじさん、あのー」と声をかけるサツキ。「え？」とサツキのほうを見る男性。

「この道を小さな女の子が通らなかったですか？ 私の妹なの」とサツキが尋ねると、「さてね、女の子。見たら気がついただろうけどなー」と男性がこたえます。「こっちじゃないのかしら」とサツキは不安な気持ちで言います。

夕暮れ時が近づいているのでしょう。カラスたちがねぐらへと戻っていきます。

「たしかにこっちに来たのかい？」と男性が心配してくれます。「わからないの」「メーイ」ふたたび走り始めるサツキ。

走ってきた車の前に立ちふさがって「止まってく

ださい」とサツキは車を止めました。「バーキャロー、あぶねー」と運転していた若い男性が怒鳴ります。「妹を探してるんです。女の子、見ませんでした？」とサツキが聞くと、「妹さん？」と後部座席に座っていた若い女性が聞き返します。

「七国山病院に行ったらしいんです。４歳の女の子です」とサツキが言うと、

「私たちね、七国山から来たの。けど、そういう子は見なかったわよ」と女性が優しく答えます。「おまえどこから来たの？」と若い男性がサツキに聞いたので、「松郷です」とサツキがこたえると、「松郷！」と若い男性は驚きます。「何かのまちがいじゃない」と女性。「じゃあな」と車の男女は去っていきました。

「サツキー」カンタが大人用の大きな自転車をこいでやってきました。

「カンちゃーん」サツキが走り寄ります。「いた？」とサツキが聞くと、「だめだ」とカンタがこたえます。「こっちも」とサツキ。「うん。今、父ちゃんたちがさがしてる。おれ、かわりに七国山行ってやるから、おまえは家に戻れ」とカンタが頼もしいことばをかけて

くれました。

「メイは、病院行こうとして途中で道を間違えたのよ、きっと」とサツキが言うと、「サツキ、新池でサンダルが見つかったんだ」とカンタが新池で女の子のサンダルが見つかったことを伝えます。それを聞いて走り出すサツキ。「まだメイのものと決まってないぞー」とカンタが叫びますがサツキの耳には届きません。村人たちが総出で池のなかを探しています。「見つかったかい？」と村人たち。肩で息をしながら走り続けるサツキ。サンダルが邪魔になったので途中から脱いで、はだしで走り続けます。「おばあちゃーん」サツキはようやく新池に到着しました。

おばあちゃんが「これじゃよ」と小さなサンダルをサツキに見せます。それを見て、「メイんじゃない」と安堵するサツキ。ヘナヘナと座り込むおばあちゃん。「よかったよ、私はてっきりメイちゃんのかと思って」村人たちが「なんだ、ばあちゃんの早とちりか」カンタの父親が村人たちに向かって「すまねーな、みんな」と謝ります。

4歳児の自立

4歳のメイは、これまでおかあさん代わりをしてくれていたサツキが大泣きする姿を見て、もう頼ることができないことを悟って、自分ひとりでおかあさんにトウモロコシを届けようと決心しました。サツキがおかあさん役を降りてしまったことを理解したからです。おかあさんが死んでしまったら大変です。となりのおばあちゃんの畑で採れたトウモロコシを食べてもらえば、おかあさんはきっと元気になるにちがいありません。メイはサンダルを履いて、おかあさんが入院している七国山病院を目指して歩き始めました。

図14まんじゅうモデル（38頁）を見ていただくとわかりやすいと思いますが、**4歳児はがまんの皮が薄い**のがふつうです。そのため不安になったり、寂しくなったり、自分の力で対処できなくなったりすると、泣いて甘えてあんこが飛び散ります。でも、**今のメイは違います**。迷子になってもサツキから教えられていたように、「その場を動かないこと」の教えを守って、お地蔵さまのところから動かずにいました。薄かったメ

イのがまんの皮は短い時間ではありましたが、少し厚くなっていました。サツキがトトロの力をかりてメイを発見したあと、おかあさんが単なる風邪だったことがわかったこと、おかあさんがその後退院してきて一緒に生活してしっかり甘えられるようになったことなどから、メイは早すぎる自立の必要がなくなったので、「4歳児の自立」は数時間で終わりを迎えることになります。

しかし、**児童虐待の被害児や神経発達障害の子どもの場合**は、早すぎる自立が何年間にもわたって延々と続きます。そのため愛着形成の発達が阻害されることがあるわけです。

早すぎる自立とは、どのような状態なのかについて説明すると、**自閉症スペクトラム（ASD）の子どもや虐待を受けて育った子どもは**、人生早期から自立しています（第4章と第7章でも触れています）。そのため、泣いたり駄々をこねたりしない代わりに、**甘えることが上手にできません**。それは、基本的信頼関係の抜けがあるため、他者をこころから信頼できないからです。

近年、**ヤングケアラー**が注目されるようになっています。ヤングケアラーとは、親の世話をする子どもたちのことです。親に障害があったり、病気がちだったり、アルコール依存症などがあると、子どもは自分のことよりも家族や親のことを優先して、早期自立を余儀なくされます。その結果、「よい子」を演じ続け、自らの甘えをがまんすることになります。子どもが甘えをがまんし続けるとどうなるかですが、枯渇した甘えを埋めるために全エネルギーを注がざるを得ない「**愛着障害**」の状態を呈するようになります。

サツキは「よい子」を演じていますが、おかあさんはそのことを察していて、退院後、サツキとメイの甘えをしっかり受け止めて愛情をたっぷり与えてあげています。親が子どもの心を察することができるか否かも、子どものその後の人生を大きく左右することにもなるわけですね。

図14**まんじゅうモデル**をもとに説明しますが、**あんこを甘え**、**皮をがまん**と仮定します。思春期以降に出現する諸々の症状や行動化は、あんこ（甘え）が飛び散らないよう対処するための自己治療であると捉える

とわかりやすいはずです。

乳幼児は、甘え（あんこ）の状態なので、わがままなのが普通です。乳幼児が、がまんの皮を作れるようになるのは、親が皮代わりをしてくれるからです。

泣くと抱っこしてくれたりあやしてくれたりし、悲しい時や辛い時はしっかり話を聴いてくれます。このように、**がまんの皮づくりは、親子の共同作業**でもあるわけですね。ヤングケアラーや児童虐待の被害児の場合は、子ども時代、親にあんこが飛び散らないように守ってもらえた経験がほとんどありません。そのため、がまんの皮が未熟なままです。

神経発達障害のお子さんの場合は、本人の神経発達のアンバランスから、がまんの皮づくりの共同作業がうまくいかないことが多いわけですが……。その結果、思春期以降、リストカットや食べ吐きなどの自傷行為、ゲーム依存やギャンブルなどの嗜癖行動、万引きや他害行動など反社会的行為など誤った自己治療を行なうことで、あんこ（甘え）が飛び散らないよう皮を補強するしかなくなることがあります。

以下は、「そだちの科学33号」（２０１９）に掲載された愛甲論文から抜粋した、「甘え」を満たすための子どもの状態像です。

（１）母子分離不安――小学校入学後にようやく養育者との愛着形成段階を迎える子どもがいます。愛着対象である養育者の姿が見えないと不安になって登校渋りが始まりますが、低学年の登校渋りについては周囲の理解が得づらいことが多いようです。子ども主体に母子分離不安が解消されることが大切で、そうでない場合は登校渋りが一見解消したように見えても、思春期以降、対人不安や社交不安障害など「不登校」に移行することが多いのです。

（２）過度に良い子でいようとする――愛着形成不全があると、子どもは養育者から見捨てられてしまうのではないかといった不安を持ちやすいため、「ノー」が言えず、養育者の前では過度に良い子でいようとする傾向があります。

（３）万引きなどの反社会的行為――万引きは「愛情を盗む行為」とも言われており、母親代わりの愛着対象を盗る行為とも言い換えることができます。盗みを繰り返す人には愛着障害があります。盗みの対象はものですが、当事者にとって盗む対象は、愛着の幻影（イメージ）でもあるわけです。ものを盗んだとしても、「満たされ感」は不十分なまで空虚感は続くことになります。それゆえ、ものを盗む行為は常習化しやすいわけですね。愛着対象がしっかりと内在化（身体化）され、己を律することができるようになると反社会的行動は消失します。

（4）自分で選んで決められない（主体性の欠如）――子どもが自己主張し、それが養育者から共感を持って受け入れられると、自分で選んで決める能力が育っていきます。愛着障害の子どもは、自分で選んで決める力が弱いので、たとえ養育者が共感的であったとしても、子ども側に共感力が育たないと、主体性の育ちは遅れます。

（5）友だちがつくれない――養育者との間に愛着が形成されないと、子どもは、友だちとどう関わったらよいかわかりません。それは愛着形成不全があると、人間関係の土台とも言える二者関係が構築できていないので、家族関係や友だち関係まで関係発達の段階が進んでいないからです。無理やり友だちをつくらせようとするよりも、ひとりでいられる能力を育てるほうが先です。

第13章 ネコバス

子どものこころを支えるもの

サツキは夕焼けの中、雄大な姿で立っている大くすを見ました。

走って自宅の庭まで行ってメイがトトロと会った茂みに入っていきます。

「お願い、トトロのところへ通して。メイが迷子になっちゃったの。もうじき暗くなるのに、あの子、どこかで道に迷っているの」ススワタリたちがよけてくれます。突然サツキは、くすの木の穴からトトロのふわふわのお腹のうえに落ちました。「トトロ、トトロ、メイが迷子になっちゃったの。探したけど見つからないの。お願い、メイを探して。今ごろ、きっとどこかで泣いているわ。どうしたらいいかわからないの」シクシク泣くサツキをトトロは優しく抱きしめてくれました。

そして大きく息を吸うと、サツキを抱いたまま大くすの頂上まで駆け上がっていきます。そして大きな声でネコバスを呼びました。遠くのほうからネコバスがものすごいスピードで走ってくるのが見えます。

村人たちの間をネコバスは通り抜けますが、誰ひとり気がつく人がいません。「みんなには見えないんだわ」とサツキは思いました。二人のところにネコバスが到着します。ニコッと笑うトトロ。サツキはトトロに促されてネコバスのなかのフワフワの毛皮のソファーに座ります。

バスの行先を示す案内板が「メイ」に変わりました。「わー」と喜ぶサツキ。トトロが見送るなか、ネコバスはメイのところに向かって出発です。森の木々がネコバスが通る先をあけてくれます。「木がよけてる」とサツキ。スイスイ走るネコバス。電線の上を走っていくと、その先のお地蔵さんのところにメイが座って泣いているのが見えました。

「メーイ」とサツキが呼ぶと、「おねえちゃーん」とメイがサツキのほうを見上げます。ネコバスから降りるサツキ。「おねえちゃん」とサツキにしがみつくメイ。「ばかメイ、トウモロコシをおかあさんに届ける気だったの？」とサツキが聞くと、「うん」とメイはうなずきます。

ネコバスの**案内表示が「メイ」から「七国山病院」に変わりました。**「病院へ行ってくれるの？」とサツキが聞くと、ネコバスが笑います。「ありがとう」サツキとメイを乗せて、ネコバスは七国山病院へと向かうことになりました。

子どものこころを支えるもの

子どものこころを支えるものとは一体なにでしょうか。これまで見てきたように、子どものこころを支えるものは、おかあさん的なフワフワ感やあたたかい保護的な雰囲気です。目に見えて触れるものから目には見えないけれども優しいことばのひびきだったり、五感に心地よいおかあさん的な匂いや音などもそうです。サツキとメイは、母親不在の家庭で育っていますので、**トトロをはじめ、おかあさん代わりの人たちが二人を守って**

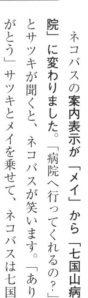

くれています。

図19「愛着形成図式」（58頁）を参照していただきたいのですが、「**絶対的信頼・安心安全の欠如**」が人生最早期から長期にわたって続いている状態のことを**愛着障害**といいます。**母子相互の愛着**が何かしらの要因で**しっかり内在化（身体化）されないと、その後の社会性や対人関係の広がりに困難を呈する**ことについては、ボウルビィ）はじめ、多くの研究者たちが論じています。

イギリスの児童精神科医ジョン・**ボウルビィ**（1907〜90）は、発達早期における母親への絶対的安心を求める乳児の欲求に焦点を当て、愛着を与えられない子どもが過度の愛情欲求や復讐への欲求、強い罪悪感、抑うつ、緘黙的無反応、発達遅滞、そして後の発達段階になると、感情の欠落、集中力の欠如、嘘をつく、脅迫的盗癖といった兆候を示すことを示唆しました。

愛着障害という名称は、**DSMⅢ**（1980）で**反応性アタッチメント障害**（Reactive Attachment Disorder of Infancy or Early Childhood）としてはじめて取り上げられ、**DSM5**（2013）においては、**心的外傷およびストレス因関連障害群**（Trauma-and Stressor-Related Disorders）として入れられるようになりました。

DSM（Diagnostic and Statistical Manual of Mental Disorders）は、アメリカ精神医学会によって定義された精神障害の分類のための共通言語と標準的な基準を定めたマニュアルです。世界保健機関による疾病及び関連保健問題の国際統計分類（ICD）とともに、国際的に広く用いられています。

これまで多くの研究者たちが論じてきたように、反応性愛着障害だけが愛着障害ではないことは確かです。ここで注目すべきことは、DSM5（2013）で反応性愛着障害がPTSDと同じ心的外傷およびストレス因関連障害群に分類されるようになったことです。

愛着障害が心的外傷である理由は、乳幼児にとっての愛着形成不全が生命の存続を脅かす危機的状況を意味するからです。なお、自分でできる愛着障害治療については、『**愛着障害は治りますか**』（愛甲修子、花風社、2016文献（2））を参照してください。

おかあさんが言っていたようにサツキは「よい子」です。引っ越してきてからは、学校でも家でも「よい子」をやってきました。サツキは優等生で力がありますが、あまりにも負担が大き過ぎる時は「よい子」を続けられなくなって、となりのおばあちゃんやトトロに助けてもらう必要が出てきます。**サツキとメイが愛着障害にならずにすんだのは**、乳幼児期におかあさんがしっかり内在化できていたこととあわせて、何度も言うようにおかあさん代わりが常にいてくれたことが大きかったと思われます。

子どものこころを支えるものは、養育者はもちろんのこと、自ら退行することによって得られる愛着形成不全の抜けを埋める**地道な安心づくりの作業**でもあるわけですね。

第14章 おかあさんの退院

子どもの遊びと発達

「ごめんなさい。ただの風邪なのに、病院が電報をうったりするから、子どもたちきっと心配しているわね。かわいそうなことしちゃった」「いや、わかれば安心するさ。君もみんなもこれまでよく頑張ってきたんだもの。楽しみがちょっとのびるだけだよ」お父さんとおかあさんが話をしています。

「あの子たち、見かけよりずっと無理してきたと思うの。サツキなんか、聞き分けがいいからなおのこと、かわいそう」とおかあさん。

「そうだね」とお父さんがうなずきます。

「退院したら、こんどはあの子たちにうんとわがままをさせてあげるつもりよ」とおかあさんが言うと、「おいおい」とお父さんが笑います。

笑いあう両親の姿を見て、サツキとメイは「おかあさん、笑ってるよ。大丈夫みたいだね」と安心します。

「さあ、早く元気にならなくっちゃね」とおかあさんが言いました。「ああ」とお父さんが笑顔でうなずきます。

「あれ」と窓の外に置いてあるトウモロコシに気がついて手を伸ばすお父さん。

「アッ」というおかあさんに対して、「どうしたの」とお父さんが聞きます。

「今、**あそこの松の木でサツキとメイが笑ったように見えたの**」

「あんがい、そうかもしれないね。ほら」とお父さんがトウモロコシをおかあさんに見せます。そこには『おかあさんへ』と文字が刻まれていました。

サツキとメイは、ネコバスに松郷まで送ってもらい、心配して二人を迎えにきてくれたとなりのおばあちゃ

んとカンタと一緒に自宅に戻りました。
お父さんも七国山病院からもうじき戻ってくるでしょう。
こうして、迷子になったメイは無事に家に戻ることができました。

子どもの遊びと発達

ここで子どもの遊びと発達について考えてみたいと思います。

松郷に引っ越してきた頃、メイはサツキの真似ばかりしていました。サツキが庭の腐った柱をグラグラ揺らすと、メイも柱をグラグラ揺らして「こわれるー」とはしゃいでいましたし、2階につづく階段さがしの時もサツキの後にくっついてサツキが扉を開けるとメイも扉を開けていました。

この頃のメイの遊びは**模倣遊び**です。サツキが小学校に登校した後、メイは仕事をしているお父さん相手にお花屋さんごっこをしていました。これは**ごっこ遊び**にあたります。おかあさんのお見舞いに行った時、まっ先におかあさんに抱きついて甘えていたメイでしたが、これはおかあさんのあたたかなふわふわの体に抱かれる感覚遊びです。小さいトトロを発見した後は、トトロたちのいるファンタジーの世界で過ごしていますので、**創造遊び**をしていたとも考えられます。

子どもが**衝動性をがまんして自分を律することができるようになるためには、遊びがとても大切**です。

かつて、盗みがやめられない子どもと遊戯療法をしていた時のことです。部屋でかくれんぼうをしていた際に、その子が戸棚の中から生まれ出る遊びを展開したことがありました。筆者が戸棚から生まれ出たその子を新生児として扱い、誕生を祝福し、誕生会の遊びをしたところ、その子の盗む行為がピタッとなくなりました。

メイはトウモロコシを入院中のおかあさんに届けようとして迷子になってしまいますが、自力で届けようとしたところは、メイが自律期に近づきつつあることを意味しているのかもしれません。

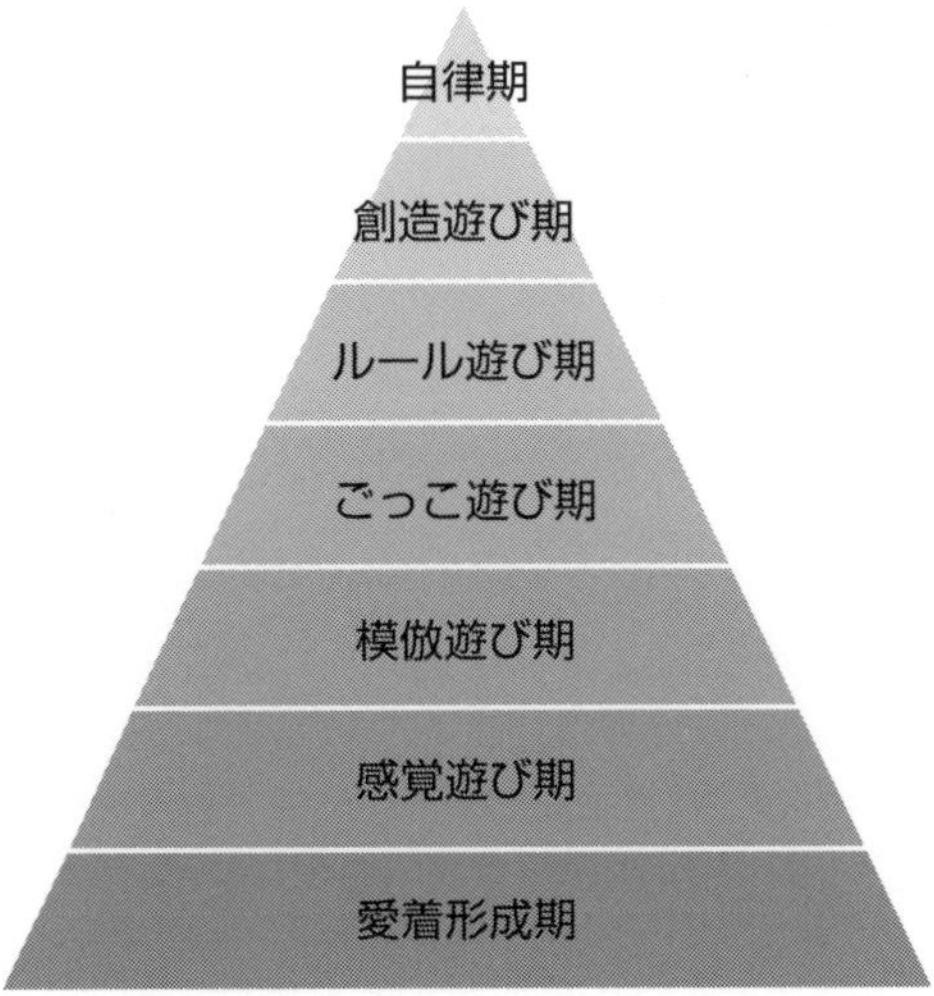

図 21 遊びの発達ピラミッド（愛甲 2017）

第15章 トトロが教えてくれたこと

おかあさんが退院してきました。

タクシーからおかあさんがお父さんと一緒に家の前でおりました。

これからいよいよサツキとメイが待ち望んでいた生活が始まります。

ほんもののおかあさんがいつも近くにいてくれるようになったので、サツキはおかあさん代わりをしなくてもすむようになりました。それまでの大人びた表情は子どもらしくなり、行動も小学5年生らしくなりました。

サツキとメイはおかあさんとお風呂に入っています。

サツキやメイは、おかあさんが退院してきてからは、甘えん坊の子どもになりました。

二人とも無理に自立しなくてもよくなったからです。

サツキとメイは村の子どもたちと毎日のように遊ぶようになりました。

電車ごっこやらくがきやかくれんぼうなどワクワクする遊びです。

おかあさんは毎晩のように絵本を子どもたちに読んでくれます。

トロルが出てくる『三匹のやぎ』もそのうちの1冊でした。

サツキとメイは、おかあさんが退院していつも家にいてくれるようになったので、**トトロを必要としなくなりました**。トトロは、ファンタジーの世界でサツキとメイを支えてくれましたが、今では夢のなかや絵本や物語のなかで一緒に過ごすだけで二人は満足するようになりました。

ほんもののおかあさんでなくても、子どもの気持ちを察し、甘えをしっかり受け止めてくれる存在がいることで、子どもは自己肯定感を育て成長していくことができます。

トトロは話をしません。でもトトロの思いはサツキにもメイにもしっかりと伝わっています。トトロには二人を思いやる眼差しと二人の気持ちを察する動きの他に、二人を抱きかかえるフワフワしたあたたかな体や遊び心があるからです。

トトロが教えてくれたこと

トトロが教えてくれたひとつは、**ことばだけがコミュニケーションではない**ということです。

赤ちゃんが泣いている時、おかあさんはおなかが空いているのか、抱っこしてほしいのか、おむつが濡れているのかなど察することができます。それはたとえことばのない赤ちゃんであっても察することができる確かなサインがあるからです。

トトロが教えてくれたことの二つめは、**子どもが不安な時には抱きかかえてあげる**ということです。衝動性が抑えられないお子さんには、おんぶや抱っこが効果的です。盗みなどの反社会的行動や自傷行為などの衝動性が抑えられない思春期前のお子さんの場合は、おかあさんが毎日おんぶしてあげるだけで、すべての問題行動がなくなることが多いのです。

図14まんじゅうモデル（38頁）に基づいてお話しすると、がまんする力（皮）を形成するために必要なことは、幼少期、子どもがしっかり親に甘えてあんこ（甘え）を大きく育てておくことがひとつ、そして親は子どもの気持ちを察して、抱っこしたりおんぶしたりして、がまんの皮を親子の共同作業でしっかり作っておくことが大切だということです。

子どもの成長に応じて、親子関係も変化していきますので、将来大人になっていく子どもを信頼して親子で育ちあうことが求められます。図19愛着形成図式（58頁）の一番上に内在化期とあります。**下の発達段階のどこが抜けてもまんじゅうの皮とあんこのバランスが悪くなります**。これまでもお伝えしたように、思春期以降に見られる症状や行動化は、甘え（あんこ）が飛び散らないよう症状や行動化（皮）を呈することでがまんしている姿なわけですね。

トトロが教えてくれたことの三つめは、**子どもとファンタジーの世界を共有することの大切さです。**ファンタジーの世界がどれだけ子どものこころを支えてくれるかということをトトロは教えてくれています。

図22 マズローの欲求5段階説

最後に、アメリカ合衆国の心理学者アブラハム・**マズロー**(1908~70)の**欲求5段階説**を見てみましょう。マズローは、人間は、自己実現に向かって絶えず成長すると仮定し、人間の欲求を5段階にわけて理論化しました。

① **生理的欲求**(Physiological needs)

生命を維持するための本能的な欲求で、食事・睡眠・排泄など。極端なまでに生活のあらゆるものを失った人は、生理的欲求が他のどの欲求よりも最も主要な動機づけとなります。

② **安全の欲求**(Safety needs)

安全性、経済的安定性、良い健康状態の維持、良い暮らしの水準、事故の防止、保障の強固さなど、予測可能で秩序だった状態を得ようとする欲求。この欲求が単純な形ではっきり見られるのは、脅威や危険に対する反応をまったく抑制しない幼児です。真の意味で一般的な大人がこの安全欲求を実際の動機づけとして行動するということはあまりありません。

③ **社会的欲求と愛の欲求**(Social needs / Love and

belonging)

生理的欲求と安全欲求が十分に満たされると、この欲求が現れます。自分が社会に必要とされている、果たせる社会的役割があるという感覚です。情緒的な人間関係について、他者に受け入れられている、どこかに所属しているという感覚でもあります。

④承認（尊重）の欲求（Esteem）

自分が集団から価値ある存在と認められ、尊重されることを求める欲求。尊重のレベルには二つあります。低いレベルの尊重欲求は、他者からの尊敬、地位への渇望、名声、利権、注目などを得ることによって満たすことができます。マズローは、この低い尊重のレベルにとどまり続けることは危険だとしています。高いレベルの尊重欲求は、自己尊重感、技術や能力の習得、自己信頼感、自立性などを得ることで満たされ、他人からの評価よりも、自分自身の評価が重視されます。

⑤自己実現の欲求（Self-actualization）

以上4つの欲求がすべて満たされたとしても、人は自分に適していることをしていない限り、すぐに新しい不満が生じて落ち着かなくなってきます。自分の持つ能力や可能性を最大限発揮し、具現化して自分がなりえるものにならなければならないという欲求です。

メイは4歳児ですので、生理的欲求や安全の欲求が満たされることが大切です。そのためお父さんやサツキなど年長者によって守ってもらうことが大切なわけですね。

一方、サツキは10歳くらいですので、社会的欲求／所属と愛の欲求に対するモチベーションがあります。おかあさん代わりに疲れたサツキは、②安全の欲求を強く抱く時が目立つようになっていきました。

親が育児のために注ぐ物理的エネルギーは肯定的な表現としては「**愛情**」と呼ばれます。しかし、その「愛情」を適切なかたちで注げば注ぐほど、そのぶんだけ子どもは「すくすく」と育ち、親からうまく離れて自立の道を歩んでいくという背理の関係にあるのが、**親子関係の本質**です。

サッキとメイはおかあさんの入院によって物理的エネルギーとしての愛情を十分与えてもらうことができなくなりました。その代わりにトトロやネコバスなどのファンタジーの世界の生き物たちがおかあさん代わりをしてくれるようになりました。

　おかあさんが退院してきて松郷の家でともに生活できるようになったことで、この物語も終わりを迎えることになりました。

　トトロは今でも私たちの心の世界に生き続けています。寂しい時、悲しい時、辛い時、いつもトトロが見守ってくれていることを忘れないでください。

おわりに

　1945年に終戦を迎えてから後、日本はその間一度も戦争をしていません。過去の歴史のなかで平和がこれほど長く続いた時代はありませんでした。

　今、私たちは日本史上はじめて長きにわたる平和な時代を生きていることになります。

　筆者の両親は戦争体験者です。戦時中食べるものがなくて苦労した話を聴く機会がよくありました。

『となりのトトロ』には、戦後豊かになった日本の田園風景が描き出されています。昭和30年代は、東京オリンピックが開催された時代でもあります。

　東京タワーが完成し、新幹線が開通し、都会はどんどん便利になっていきました。

　急成長していく日本社会のなかで、人々に忘れ去られていった大切なものがありました。

　それは「むかしむかし木と人は仲良しだったんだ。」というお父さんの話にヒントが隠されています。それは母なる大地、母なる自然を崇高し、畏れ敬う日本人独自の敬虔さでした。

『となりのトトロ』に登場するトトロもススワタリも、実は大くす（自然神）の象徴です。

　この物語が伝えようとしている一番の中心は、ファンタジーの姿を借りながら、太古の昔から自然とともに生きてきた日本人独自の哲学にあるのではないかと思われます。

　2019年に発生した新型コロナウイルス感染が世界中へと広がり、医学の力が容易には及ばない時代が到来しています。これから先、私たちがどのような時代を生きていくことになるのかまだ誰にもわかりません。

『となりのトトロ』が誕生してから30年以上が経過しました。この物語が伝えようとしていることを心理学の観点からひもとくことで、この先、たとえどのような困難にぶち当たろうとも、みなさんが未来の希望に向かって力強く生き抜いてくださることを願って本書を書かせていただきました。
本書を読むことで、心理学にも興味をもっていただけると幸いです。

文献

（1）愛甲修子（2020）『増補改訂版　アニメに学ぶ心理学『千と千尋の神隠し』を読む』言視舎
（2）愛甲修子（2016）『愛着障害は治りますか』花風社
（3）D．W．ウィニコット（2005）『愛情剥奪と非行』D．W．ウィニコット著、西村良二監訳　誠信書房
（4）E．H．エリクソン（1977）『幼児期と社会Ⅰ』、E．H．エリクソン著、仁科弥生訳　みすず書房
（5）神田橋條治（2019）『心身養生のコツ』岩崎学術出版
（6）V．ジャンケレヴィッチ（1978）『死』V．ジャンケレヴィッチ著、仲澤紀雄訳、みすず書房
（7）NHK取材班（2014）『人体ミクロの大冒険　60兆の細胞が紡ぐ人生』角川書店
（8）S．フロイト（1994）『夢判断』S．フロイト著、高橋孝義ら訳、日本教文社
（9）J．ピアジェ（2007）『ピアジェに学ぶ認知発達の科学』J．ピアジェ著、中垣啓訳、北王路書房
（10）J．ボウルビィ（1981）『ボウルビィ母子関係入門』J．ボウルビィ著、作田勉訳、星和書店
（11）A．H．マズロー（1987）『人間性の心理学』A．H．マズロー著、小口忠彦訳、産能大出版部
（12）M．S．マーラー（2001）『乳幼児の心理的誕生』M．S．マーラー他、著、高橋雅士ら訳、黎明書房
（13）光本和憲（2013）『母と子への贈物　ジブリ宮崎駿作品にこめられた思い』かもがわ出版
（14）宮崎駿（1988）『小説となりのトトロ』宮崎駿、久保つぎこ著、アニメージュ文庫
（15）C．G．ユング（1976）『分析心理学』C．G．ユング著、小川捷之訳、みすず書房
（16）C．G．ユング（1977）『無意識の心理』C．G．ユング著、高橋義孝訳、人文書院
（17）C．G．ユング（2016）『ユング夢分析論』C．G．ユング著、横山博監訳、みすず書房
（18）ヴィゴツキー（2003）『発達の最近接領域の理論』ヴィゴツキー著、土井捷造・神谷栄司訳、三学出版
（19）P．A．ラヴィーン（2016）『身体に閉じ込められたトラウマ』P．A．ラヴィーン著、池島良子ら訳、星和書店

トトロの画像はスタジオジブリの公式サイトからダウンロードしたものです。
https://www.ghibli.jp/works/totoro/

著者……愛甲修子（あいこう・しゅうこ）
臨床心理士、公認心理師、言語聴覚士。1997年千葉大学大学院修士過程修了。著書に『アニメに学ぶ心理学『千と千尋の神隠し』を読む』（言視舎)、『知的障害は治りますか』（花風社)、『愛着障害は治りますか』（花風社)、『脳みそラクラクセラピー』（花風社)、他多数

装丁………佐々木正見
DTP制作………REN
編集協力………田中はるか

言視BOOKS
アニメに学ぶ心理学2
『となりのトトロ』を読む

発行日❖2021年5月30日　初版第1刷

著者
愛甲修子
発行者
杉山尚次
発行所
株式会社言視舎
東京都千代田区富士見2-2-2 〒102-0071
電話 03-3234-5997　FAX 03-3234-5957
http://www.s-pn.jp/
印刷・製本
中央精版印刷㈱

ISBN978-4-86565-202-4 C0311

978-4-86565-185-0

増補改訂版

アニメに学ぶ心理学

『千と千尋の神隠し』を読む

愛甲 修子著

A5 判・並製
本体価格 1500 円+税

ジブリのアニメ作品には、現代の心理学が対象とする課題がいたるところに埋め込まれている!

作品を精読することによって、そうした課題をあぶり出すユニークな心理学入門。

『千と千尋…』からは主に、思春期というテーマ、PTSD（心的外傷）・トラウマのテーマ、愛着障害のテーマを読み解いていく。

目次